KB075305

들어가며
시대착오에 대하여

노정태

탄탈로스의 신화

도미노 총서 1

wo
rk
ro
om

일러두기

— 인용문의 내용을 보충 설명한 부분은 대괄호로 표시했다.

— 강조는 작은따옴표로 표기하되, 필요한 경우 밑줄을 병용했다.

— 단행본, 정기간행물, 앨범, 전시는 겹낫표로, 글, 논문, 기사,
　 노래, 작품은 홑낫표로 표시했다.

아도르노는 자신이 문화 산업이라고 간주한 것
과 타협하기를 거부했던 유럽 지식인의 표본과
도 같은 존재다. 정체성 중심주의에 반대하는
그의 입장은 반율법주의자의 대항과 일치하며
해결되지 않는 모순을 강조한다. 그는 이런 점
을 주장하고 설명하기 위해 자신이 독일어 원문
으로든 다른 언어로 번역된 것이든 항상 까다롭
기 그지없는 산문을 쓴다고 믿었다. 내가 말했
듯이, 아도르노는 시대와 어긋나려고, 니체적인
의미로 역행하려고 발버둥쳤던 말년성 그 자체
다.[1]

1

『말년의 양식에 관하여(*On Late Style*)』(2006)는 아
도르노에서 출발하여 아도르노로 끝나는 책이다. 베

1   에드워드 사이드, 『말년의 양식에 관하여』, 장호연 옮김, 마티,
2008년, 140쪽.

토벤을 분석하기 위해 아도르노가 제시한 '말년성'의
개념을 받아 든 에드워드 사이드는 그것을 거침없이
확장한다. 아도르노는 비평적 개념으로서 말년성을
개척한 사람이며, 동시에 에세이라는 비정형적 문학
양식을 통해 그것을 구현하기까지 한 존재다. 적어도
에드워드 사이드는 그렇게 생각한다. 그러므로 아도
르노는 "말년성 그 자체"인 것이다.

　　서양 고전음악에 조예가 깊었지만 아도르노 그
자신은 음악가가 아니었다. 탁월한 연주 실력을 자랑
하는 피아니스트이기도 했던 사이드와 달리, 아도르
노는 평생 음악 애호가와 비평가의 위치에 머물렀다.
대신 그는 글을 썼다. 쉽게 읽히지 않는 글, 독일인들
마저도 명확한 이해를 위해 외국어 번역본을 참고하
게 만드는 그런 까다로운 산문을 씀으로써, 당대의 쏟
아지는 문제에 대해 수많은 독자들을 염두에 두고 쓰
이는 저널리즘의 글쓰기에 역행했다.

　　그는 자신의 글쓰기를 에세이라는 '혼종'의 장
르로 구분 짓고, 그 에세이가 문학에서 어떤 형식적 지
위를 차지하는지에 대해, 역시 난해한 문장으로 이루
어진 한 편의 에세이를 썼다. 아직 한국어로 번역되지
않은 「형식으로서의 에세이(Der Essay als Form)」
(1958)가 바로 그것이다. 그는 학문으로서 체계화와
문학으로서 체계화를 모두 거부하고, 독자로부터 이
해받을 수 없는 영역을 향해 나아가는 그런 종류의 글

쓰기를 실천하며 동시에 이론화했다. 사이드의 말을 들어보자.

> 아도르노는 일차적으로 에세이스트였고, 에세이란 그에 따르면 "대상 속에서 앞이 보이지 않는 캄캄한 것에 관심을 두는" 형식이며, "내밀한 형식적 법칙은 이단이다." 아도르노의 의미로 볼 때 에세이스트라는 존재는 당대의 유행하는 모든 것에 영원히 맞서 싸우고 화해하지 않는 사람을 뜻한다. 그는 보통 "에세이가 당대에 갖는 의미는 시대착오에 있다"고 말한다.[2]

2

글쓰기를 주된 작업의 도구로 삼는 사람 중 위에 인용된 문장을 보고 가슴이 뛰지 않는 이는 아마도 없을 것이다. 독자에게 이해되기 위한 글이 아니라, 독자의 내면과 불화하는 글. 현재의 가치 체계에 역행하면서 지금 우리에게 드러나지 않은 그 어떤 지점을 드러내는 글쓰기. 에드워드 사이드 본인 역시 그러한 에세이스트의 이상에 동조하여, 생의 말년에 이르러 『말년의 양식에 관하여』의 원고를 쓴 후 출간을 보지 못한 채 세상을 떠났다.

---

2   위의 책, 141쪽.

그러나 사이드 본인부터가 잘 알고 있었다시피
에세이라는 형식과 에세이스트라는 작가의 유형은 현
실적으로 구현되기 어렵다. 아도르노처럼 글을 쓰려
면 "아도르노만큼 똑똑하고 베르크, 베토벤, 후설, 헤
겔에 대해 글을 쓰는 것이 전문 분야"[3]여야 한다. 그러
한 전문 분야는 "본질적으로 대중들의 가혹한 요구로
부터 어느 정도 면제된, 대신 할리우드 영화와 대량 시
장 소설의 상업적 보상도 기대하기 어려운 고급문화
의 영토에 속한다."[4]

아도르노는 대중문화에 역행하고 저널리즘적
글쓰기를 거부했다. 이해하기 어려운 에세이를 쓰던
서양 고전음악 애호가는 유대인이었기에 나치의 탄압
을 피해 미국으로 피신을 가야 했지만, 그곳에서도 같
은 종류의 작업을 계속해가며 생계의 위험을 피할 수
있었다. 발길이 닿는 곳마다 낯설어했고 이질감을 느
꼈으며 그 누구와도 불편한 모습을 보였지만, 20세기
전반부의 풍파를 겪은 평균인의 그것과 비교해보자
면, 아무튼 아도르노는 고급문화를 생산하고 향유하
는 계층의 일원이었고 존중을 받았다.

그러므로 여기서 내가 이 글을 읽을 것이라고
가정하는 독자와 아도르노 사이에는 굉장히 먼 간극

3   위의 책, 140쪽.
4   위의 책, 141쪽.

이 있다. 그 차이는 아도르노와 사이드의 관계에 대해
고찰해보면 더욱 극명하게 드러난다. 그들은 '대중문
화를 거부한다'는 말이 실질적인 의미를 지닐 수 있는
계층의 구성원이었다. '팔레스타인'이라는 단어를 들
으면 자동적으로 '불쌍한 이웃'을 떠올리는 일부 독자
들이 흔히 빠지는 착각과 달리, 에드워드 사이드의 인
생은 팔레스타인의 '민중'보다는 독일에 거주하다 미
국으로 망명을 떠난 유대인 아도르노의 그것과 더욱
큰 공통점을 지닌다.

　　　반면 이 글을 쓰는 나, 읽는 당신, 그리하여 우리
모두의 삶은 아도르노 혹은 사이드의 그것과 쉽사리
포개지지 않는다. 독자의 신원에 대해 함부로 단정 짓
고 이야기하는 것만큼 무모한 짓이 또 없을 것 같지만,
이 책이 외국어로 번역되어 출간될 가능성은 당분간
전혀 없다고 해도 과언이 아니므로, 과감히 추측을 해
보자면 그렇다는 것이다. 아도르노와 달리 우리는, 적
어도 나는, 그가 말하는 '대중문화' 이전의 문화에 대
해 경험을 통해 아는 바가 거의 없다. 그러므로 아도르
노나 사이드가 말하는 대중문화에 대한 비판을 곧이
곧대로 받아들이고 나면 우리에게는 더 큰 문제가 발
생하게 된다. 그들에게는 말년성을 통한 시대와의 불
화와 역행이 지향하는, 돌아갈 수 없지만 돌이켜볼 수
는 있는 '과거'가 있는 반면, 우리에게는 그런 게 없기
때문이다.

3

지금 나는 "너는 소수 인종이다. 거울에서 너를 봐라.
너는 기술을 가져야 한다. 말하는 것으로는 이 사회에
서 먹고살지 못해. 뭔가 실용적인 기술을 배워야 한다
말이야"[5]라고, 철학과 정치학을 공부하겠다는 자신의
아들을 다그치던 김용 세계은행 총재의 아버지 같은
소리를 하려는 게 아니다. 돈벌이가 되느냐 안 되느냐
같은 문제를 완전히 접어두더라도 사정은 전혀 달라
지지 않는다. 아도르노라는 에세이스트의 '시대착오'
는 오늘날 우리에게 재연 가능한 그 무엇이 아니기 때
문이다.

　　　앞서 지적한 것처럼 아도르노는 대중문화와 불
화하였고 "비시의적이게도 19세기 후반 낭만주의 이
념에 사로잡혀"[6] 있었다. 그런데 우리에게는 19세기
후반의 낭만주의뿐 아니라, 20세기의 대중문화 그 자
체도, 거대한 결여를 이룬다. 사이먼 레이놀즈의 책
『레트로 마니아(*Retromania*)』(2011)를 펼쳐보자. 시
간과 함께 흘러가버리는 것을 그 본질로 하는 대중음
악이, 녹음 기술과 인터넷, 특히 유튜브의 출현 이후

5　「한인 청년들을 향한 세계은행 김용 총재의 충고」, 『케이아
메리칸 포스트』, 2013년 1월 14일 자. http://kamerican.com/
GNC/new/secondary_contents.php?article_no=5&no=2305
6　사이드, 앞의 책, 49쪽.

"멀지만 가까운… 낡은 지금"[7]이 되어버렸다. 그렇게 지금까지 서양의 대중음악은 그 자신의 과거에 사로잡힌 채 미래로 나아가지 못하고 있다는 것이 사이먼 레이놀즈의 지적이다.

　　그런데 한국에서는 그마저도 없었고, 너무 늦게 수입되었다. 인터넷이 본격적으로 등장하기 전, 대중문화에 대한 수요가 끓어넘치는 가운데 공급이 턱없이 부족했던 시대의 이야기다. 한국의 상황을 다룬 부록에서 함영준은, 가령 "유로 디스크는 실제로 도나서머를 들으며 고고장에서 춤을 추었던 세대가 아니라, 그 세대를 상상하며 브릿팝을 통해 백인 디스코 문화에 접근했던 애호가들의 환상 속에서 (케미컬 브라더스의 빅비트와 다프트 펑크의 레트로를 거쳐 펫 숍보이스의 위대한 업적을 이해한 후에) 실현되었다"[8]고 지적한다.

　　제2차 세계대전 이후 대중문화를 이끈 중심지, 말하자면 미국에서는 대중문화들이 시간과 함께 흘러가는 대신 계속 살아남아 모든 현재를 "낡은 지금"으로 만들어버렸다. 그러한 중심지를 어깨 너머로 훔쳐보며 동경하는 변방, 즉 대한민국 같은 나라에서는 그

7　사이먼 레이놀즈, 『레트로 마니아 – 과거에 중독된 대중문화』, 최성민 옮김, 함영준 부록, 작업실유령, 2014년, 105쪽. 강조는 원문.
8　위의 책, 427쪽.

'낡은 지금'을 향유하는 방식마저도 수입품이었던 것
이다.

물론 2000년대 이후 대한민국은 초고속 인터넷
이 방방곡곡 깔린 IT 강국이며, 싸이의 「강남스타일」
은 부동의 유튜브 조회 수 1위를 기록하고 있다. "인터
넷은 적어도 대중문화에서 전 지구적인 평등을 실현
했다. 이제는 문화를 권역과 시기에 따라 나눠 이해할
필요가 사라진 셈이다."[9] 인터넷은 심지어 아도르노의
전문 영역이라 할 수 있는 서양 고전음악까지도 꿀꺽
삼켜버렸다. 사이먼 레이놀즈의 경험담을 들어보자.

앞 문단을 쓰는 동안 나는 베토벤 6번 교양곡
('전원')의 패러디 버전을 듣고 있었다. '코믹
한' 전위음악을 모은 『이 사이로 웃기(Smiling
Through My Teeth)』 앨범 수록곡이었다. 그러
다 보니 난도질당하지 않은 원곡이 듣고 싶어졌
다. 거실을 가로질러 음반을 쌓아놓은 벽장을
뒤질 수도 있었지만, 일 흐름을 끊고 싶지 않았
던 나는 그냥 컴퓨터 앞에 앉은 채 유튜브를 열
었고, 거기서 이런저런 오케스트라가 연주한 버
전을 수십 편 찾았다. (영상 없이 음악만을 원했
다면 위키백과에서 베토벤 6번 교향곡을 찾아

---

9 위의 책, 430쪽.

해당 페이지에 임베드된 음악을 듣거나, 합법이
건 불법이건 음원 파일을 순식간에 다운로드해
들을 수 있었을 테다.) 가려운 곳을 이처럼 신속
하게 긁어줄 수 있다니, 놀라울 지경이었다. 하
지만 이내 나는 유튜브 우측 사이드바에 나열된
여러 전원 교향곡 버전을 비교해 듣는 일에 빠
져들고 말았다.[10]

과거'들'이 어지럽게 뒤섞여 현재를 이루고 미래를 잠
식하는 오늘날, '시대'는 '착오'의 대상이 될 수 없다.
레반트 지역에는 여성들을 성노예로 사고파는 무장
집단이 국가 행세를 하고 있고, 캐나다에서는 젊은 신
임 총리가 성별에 따라 공정하게 역할을 나눈 내각을
발표하면서 "2015년이니까"라고 말한다. 쥐스탱 트
뤼도 총리가 피에르 트뤼도 총리의 아들이 아니었다
면 그 선언은 굉장히 미래적인 무언가로 보였을 수도
있다. 진보적으로 해석될 수밖에 없는 원론적인 자유
주의 어젠다가, 대를 이어 수상직을 역임하는 2세 정
치인의 입에서 나오는 모습이 연출되지는 않았을 테
니 말이다.

　　이렇듯 우리가 사는 시대의 모습은 명료하게 구
획되지 않는다. 그러므로 '현재'와 '과거'의 낙차에서

10　위의 책, 83~84쪽.

에너지를 얻는, 사이드가 말하는 아도르노식의 시대착
오적 글쓰기가 설 자리도 한없이 좁아질 수밖에 없다.

4

그럼에도 불구하고 나는 에세이를, 아도르노가 말한
바로 그 좁은 의미의 에세이를 써왔다. 대중을 독자로
삼지 않는 글쓰기, 윤리적 판단의 주체가 될 수 있는 누
군가를 위한, 혹은 나 자신이 그 누군가의 역할을 하기
위한 글쓰기를 해왔던 것이다. 이 책에 묶여 있는 일곱
편의 원고가 바로 그렇다. 나는 최선을 다해 에세이스
트이고자 했으며, 에세이스트가 아닌 그 무엇도 되고
자 하지 않았다.

　　지금까지 나는 이 글을 통해, 아도르노의 개념
을 빌어 사이드가 말한 시대착오적 에세이의 개념을
전달하고, 그 전제가 되는 시대착오가 왜 오늘날에는
형해화되어 버렸는지 설명했다. 그런데 어떻게 '그럼
에도 불구하고 나 역시 에세이를 썼다'고 말할 수 있는
것인가? 부정에 부정에 부정으로 이어지는 끝없는 부
정변증법은 결국 어떤 비-언어의 상태에 도달할 수밖
에 없는 것 아닌가? 시대착오가 불가능한 시대에 시대
착오적인 글쓰기는 과연 어떻게 가능한가?

　　다시 아도르노에게 돌아가보자. 사이드는 "모
더니티는 타락한 현실, 구제할 수 없는 현실이며, 신
음악은 아도르노 본인의 철학적 실천과 마찬가지로

그런 현실을 끝없이 환기시키는 것을 과업으로 삼았다"[11]고 보았다. 여기서 아도르노와 그의 유지를 받든 사이드의 진면모가 드러난다. "이런 환기가 그저 '안 돼' 혹은 '이런 걸로는 부족해' 하는 투덜거림에 그쳤다면, 말년의 양식과 철학은 전혀 흥미롭지 않은 중언 부언이었을 것이다. 무엇보다 요구되는 것은 절차에 활력을 불어넣을 수 있는 구성적(constructive) 요소의 존재다."[12]

　　문학의 일부인 에세이 또한 마찬가지다. 그 속에는 구성적 요소가 포함되지 않을 수 없다. 따라서, 시대착오 역시, 그냥 주어지는 자연적 여건이 아니다. 시대착오는 그 자체로 '시대'를 구성하고 '착오'를 연출하고자 하는 시도일 수밖에 없다. 어떠한 시대가 현재로서 주어져 있고, 당연하고도 마땅히 동경의 대상이 되는 어떤 과거가 절로 등장하는 것이 아니다. 현재를 특정하고 과거를 불러냄으로써 시대착오적 글쓰기로서의 에세이가 성립하게 된다.

5

이 책의 제목은 '탄탈로스의 신화'다. 이 제목은 너무도 직접적으로 카뮈의 에세이를 지시하고 있다. 있는

11　사이드, 앞의 책, 42쪽.
12　위의 책, 43쪽. 강조는 원문.

그대로 사실만을 놓고 볼 때 카뮈는 나의 '과거'가 아
니며, 나 역시 카뮈 스스로가 떠올렸을 '미래'와는 직
접적인 관련이 없는 사람이다. 그러나 나는 표제작인
에세이에서 그를 '과거'로 호명함으로써 나와 독자들
의 '현재'를 구성했다. 물론 그 '과거'를 돌아가야 할 이
상향으로 바라보는 것은 전혀 아니지만 말이다. 다른
작업들 역시 마찬가지다. 진중권, 재레드 다이아몬드,
아즈마 히로키, 플라톤, 예수, 토마스 아 켐피스, 슈바
이처, 카뮈 등이 한 권의 책에서 언급될 수 있는 것은
이 책이 시대착오를 통해 무언가를 구성해내고자 한
시도를 담은 에세이 모음집이기 때문이다.

이 책에 수록된 에세이 중 일부는 작성 당시 현
재의 구성에 너무 충실했던 나머지, 단행본으로 묶이
기 위해 약간의 편집을 필요로 했다. 1부와 2부 사이
에 들어간 「스테일메이트」가 그렇다. 유일하게 『도미
노』가 아닌 다른 곳에 실렸던 이 글은, 어느 정도 새롭
게 쓰여졌다. 냉전 이후의 스테일메이트는 2014년에
끝났고 이제 새로운 갈등이 국제 사회를 휩쓸고 있기
때문이다. 나머지 원고들은 최소한의 수정만을 가한
것이다. 「진리와 동굴」은 『도미노』 6호를 위해 작성
되었지만 지면 관계상 실리지 못했다. 나머지는 모두
『도미노』에 발표되었다.

1부는 '소실점'이라는 제목하에 '미래인 과거',
혹은 '과거인 미래'들을 일주한다. 한국, 일본, 미국의

지식인을 소재로 삼고 있는데 그러한 인물 선정 및 순서 배열은 의도적인 것이다. 1.5부인 '스테일메이트'는 오늘날의 국제적 상황과 갈등의 양상을 그려낸 것인데, 일종의 쉬어가는 페이지처럼 읽어도 좋을 것이다. 2부 '돌파구'에는 소실점이 사라지거나 흩어져버린, 혹은 너무 많아져버린 지금, 그럼에도 불구하고 어떻게 세상을 바라보고 그 속에서 판단하며 행동할 수 있을지, 작은 실마리라도 쥐어보기 위한 노력의 산물이 담겨 있다.

『도미노』의 원고들을 모으거나 새로 써서 총서를 출간하자는 논의가 시작된 것은 지금보다 훨씬 오래 전의 일이다. 하지만 나는 이 책이 출간된 시점이 매우 적절하다고 생각한다. '현재'의 모습이 어느 정도 구체화되어 가고 있기 때문이다. 매 순간 용기를 끌어내서 쓴 원고를, 순서에 따라 묶고 편집하여, 책으로 내보낸다.

2016년, 서울
노정태

1부
소실점

탄탈로스의 신화

에레베스트에
대하여

물론 우리 때도 따돌림은 있었다. 나도 종종 당했다. 가령 "잠수함의 프로펠러…"라는 남의 말을 "잠수함의 스크루"로 교정해준 대가로 난 가끔 공동체의 제재를 당해야 했다. 물론 그건 지독하지 않았다. 길어야 며칠이면 제재는 해제되고, 내가 다시 "세계에서 가장 높은 산은 '에레베스트'가 아니라 '에베레스트'"라고 진리를 말할 때까지, 난 아무 문제없이 놀이집단에 섞일 수 있었다.[1]

1

독일 유학 중이던 진중권은 한 출판사에서 보낸 소포를 받았다. 그 상자 속에는 신문, 잡지, 도서 등의 스크랩이 가득 들어 있었다. 그는 그중에서 한두 문장을 따내어 각 꼭지의 서두에 제시한 후 이야기를 풀어나가는 방식으로, '엑스 리브리스(ex libris)', 말하자면 '책

---

[1] 진중권, 『폭력과 상스러움』, 푸른숲, 2002년, 19~20쪽.

으로부터'라는 제목의 연재를 시작한다. 훗날 그것을
묶어 책으로 펴내게 되었을 때 제목은『폭력과 상스러
움』이 되었다.

　　저자의 서문을 지나고 나면 가장 먼저 등장하는
글「마이너스 1의 평화」에 바로 위에 인용한 문단이
나온다. 매우 인상적이었기 때문에 따로 메모를 해두
지 않았지만 나의 뇌리에 선명하게 남아 있었다. 왜냐
하면 나 역시 거의 유사한 경험을 해본 적이 있기 때문
이다. '에베레스트(Everest)'를 '에레베스트'라고 발음
하는 것은, '프루덴셜(prudencial)'을 '푸르덴셜'이라
고 발음하는 것만큼이나 한국어 화자에게 자연스러운
일이다.

　　직접 구글 검색을 해보라. '에베레스트'를 입력
하면 1억 1200만 개의 검색 결과가 나온다. '에레베스
트'를 넣으면 24만 3000개의 페이지가 등장한다. 그중
에는『연합뉴스』의 2007년 기사「허영호, '20주년' 에
레베스트 등반」,『중앙일보』의「2007년 한국 로체샤
르·로체 남벽 원정대(17)」,『일간스포츠』의「에레베
스트 실종 송원빈 씨, 8400미터에 있을 가능성」등이
섞여 있다. 배울 만큼 배운 사람들도 '에베레스트'를
'에레베스트'라고 급하게 말하고, 기사로 쓰고, 그걸
편집 과정에서 걸러내지 못한 채 매체의 이름을 달고
공개한다.

　　소년 진중권과 뛰어놀던 어린이들도 아니고, 언

론계에 종사하는 사람들마저 같은 실수를 반복한다는 것은 지적 게으름의 표출 그 이상도 이하도 아닐 테지만, 그 발음이 부자연스럽다는 것은 부인할 수 없는 사실이다. '에베레스트'에서 모음 음절인 '에' 뒤에 곧장 붙는 것은, 영어의 경우 자음 'v'이며 그것은 공기의 흐름을 그다지 가로막지 않는다. 하지만 한국어에서는 'ㅂ'이 나오게 되고, 화자는 입술을 급격하게 앙다물어야 한다. 미취학 아동, 혹은 초등학교 저학년 어린이들이 완벽하게 발음한다면야 좋겠지만 틀릴 수도 있다.

　　이렇게 너그러운 마음으로 이해할 수 있다면 좋으련만, 어린 나이의 진중권에게 그것은 과도한 요구였다. 인용된 텍스트에 따르면, 어린 시절의 진중권은 잘못된 발음이나 용례 등을 지적하면서 곧잘 따돌림을 당하곤 했나 보다. 그 소년에게는 자신이 올바른 용어를 알고 있고 그것을 제대로 발화할 수 있다는 자부심이 있었다. 또래 집단에서 소외되는 것은 특히 어린 나이에 감당하기 힘든 고통이다. 하지만 하늘이 두 쪽 나도 잠수함에는 프로펠러가 아니라 스크루가 달려 있고, 세계에서 가장 높은 산은 에레베스트가 아니라 에베레스트인 것이다.

2

21세기 초 한국 사회에서 가장 유명한 대중적 지식인으로 자리매김하면서 진중권의 인터뷰를 매체에서 보

는 것은 결코 힘든 일이 아니게 되었다. 그 속에서 언제
나 그는 자신의 어린 시절을 다음과 같이 묘사했다. 다
른 아이들과 노는 일이 힘들었고, 골방에서 비행기 모
형을 만들고 그 원리를 그려보고 놀았노라고. 1963년
생이니, 사춘기가 시작되기 전까지 그가 비행기나 세
계 지리 등에 대해 정확한 정보를 얻을 수 있는 길은 백
과사전뿐이었다고 말해도 과도한 추측은 아니다. 애
초에 정보가 유입될 수 있는 경로 자체가 대단히 제한
적이었기 때문이다.

　　1990년대 중반까지 백과사전의 위세는 죽지 않
았다. 아니, 영어판 『브리태니커 백과사전』의 판매 부
수를 놓고 보면 인터넷 초창기야말로 종이 백과사전
의 황금기였다. 인터넷이라는 것이 본격적으로 대중
화되기 시작했는데, 아이들이건 어른이건 56K 모뎀으
로 숨죽여가며 음란 사이트에나 접속하던 시절이다.
물론 그때 지구 건너편 누군가는 이메일 기반 뉴스 그
룹에서 새로운 커널의 가능성을 토론하다가 리눅스를
만들어내기도 했고, 또 어떤 대학원생들은 논문 인용
순위를 매기는 방식을 웹 페이지에 적용해서 검색 결
과를 제공하는 벤처 기업을 차리고 있었지만, '인터넷
은 쓰레기통'이라는 것이 당시까지만 해도 우리 사회
의 확고한 상식이었다.

　　그러므로 어린 시절의 진중권 역시 백과사전을
통해 '세계'에 대한 지식을 습득하고 있었다고 가정하

자. 그렇다면 그 똑똑한 소년이 거실의 서재 어딘가에
위엄스레 꽂혀 있는 백과사전을 보며 느꼈을 경외심
과 동경을 상상해보는 것도 결코 어렵지 않다. 그것은
그 시대를 규정하는 보편적인 감수성 중 하나이기 때
문이다. 가죽 양장의 『브리태니커 백과사전』, 노란 표
지의 『내셔널 지오그래픽』, 그에 발맞춰 출간되기 시
작한 온갖 세계문학 전집을 통해 '세계'는 그렇게 달려
들었다.

        역사적으로 축적되어야 할 '교양'과 '상식'이 외
판원에 의해 방문 판매되는 상품이 되어 서재에 꽂히
는 현상을 굳이 '총체성의 물화'라고 말해보자. 물화된
총체성은 단번에 도입되고 또 단번에 폐기된다. 집에
는 『브리태니커 백과사전』이 꽂혀 있고, 유년기를 넘
어 학교에 가면 배워야 할 교과서와 외워야 할 「국민
교육헌장」이 있다. 그 모든 것을 외우지 않으면 정규
교육 과정을 통과할 수 없다. 학교 뒷담 밑에 숨어서 담
배 좀 피우다가 어찌어찌 입시 과정을 통과하여 대학
교에 가면, 또 하나의 총체성이 물화된 형태로 와락 달
려든다. 선배들이 이른바 '커리'를 들고 새내기들을 의
식화시키기 시작하는 것이다.

3

군사독재 시절이다. 한국 사회 이대로는 안 된다. 그렇
다면 어디로 갈 것인가? 운동권 브레인 혹은 안기부 정

보과가 아니면 다 따라잡지도 못하는 복잡한 조직과
이론들이 횡행하였지만, 궁극적으로 볼 때 역사의 소
실점은 두 곳이었다. 북한 혹은 소련. 단지 비유에서가
아니라 그것들은 진정한 소실점이었다. 프레임 바깥
에서 다른 구성 요소들을 정렬해주고, 가상의 것이며,
절대 도달할 수 없으므로.

　　그 소실점으로부터 문건이니 커리니 하는 것들
이 날아오는 것은, 놀라우면서도 동시에 당연한 일이
었다. 그것은 본질적으로 미국에서『브리태니커 백과
사전』이 수입되는 것과 다를 바 없다. 소비에트판 철
학 사전의 실물을 넘겨봤을 때의 기억이 아직도 생생
하다. 대체 이런 것을 진리로 믿고 따라야 했던 그 시기
는 어떤 것이었을지 나로서는 도저히 짐작하기도 어
려웠지만, 아무튼 사실이 그런 것이다. 물화된 총체성
은 이런저런 무용담의 주인공들을 통해 국경을 넘어
대학가로 흘러들어 왔다. 본래 어학에 재능이 있었던
진중권도 러시아의 미학자 모이세이 카간의 책을 번
역했다.[2] 그는 아직도 트위터 등에서 등사기를 분해해
반입해야 했던 시절의 무용담을 즐겨 곱씹는다.

　　소련이 망하고 현실 공산주의가 무너지는 등의
이야기는 이제 너무도 친숙하고 식상해서 굳이 이 지

2　M. S. 까간,『미학 강의』, 진중권 옮김, 새길, 1989년 1권, 1991
년 2권, 전2권.

면에 반복해야 할 이유가 없을 것이다. 소련이 무너졌고 동독도 망했다. 두 개의 소실점 중 하나가 허물어진 셈이다. 운동권 두뇌들은 몇 가지 선택의 기로에 놓였는데, 그중 하나는 그 소실점의 잔해 속으로 직접 들어가보는 것이었다. 텔로스로서의 소실점이 뭉개지면서 오히려 지리적 격차를 건너뛰는 일이 가능해졌다. 그렇게 잔해 속으로 걸어 들어간 청년 진중권은 베를린 자유대학에서 박사 과정을 밟다가, 경기도 김포에 나온 저렴한 아파트 매물을 구입하기 위해 귀국하였고, 이후 학위를 따지 못한 채 오늘에 이르고 있다.

　　귀국의 이유야 어찌 됐건 본론으로 돌아가 그의 유학 시절, 그가 한국에서 날아온 스크랩 박스를 뜯어보던 바로 그 순간에 주목해보자. 과거 백과사전, 교과서, 커리 등의 형태로 제시되던 물화된 총체성의 도래가 다시 한 번 발생한다. 다만 이번에는 거기에서 '미래'가 아니라 '과거'를 느끼고 몸서리치게 되었다는 것이 다를 뿐이다.

　　이렇게 조각으로 실려 온 우리 사회의 망탈리테(정신 상태)는 나를 경악시켰다. 모든 시대는 다른 시대를 인용하기에, 한 시대를 바라보며 가끔 '데자뷔(기시감)'의 경험을 하게 된다. 이런 글쓰기를 시작했을 당시 상자 속에 실려 온 우리 시대의 모습이 어디선가 이미 본 듯한 느낌을 주었다. 우리의 90년대는 파시즘이 대두하던 30년대의 인용이었을까?[3]

미래 혹은 미래의 잔해 속에 살던 그는 다시 한 번, 모두가 '잠수함의 프로펠러'를 떠들고 '에레베스트' 타령을 하고 있다고 느끼고 입을 연다. 그렇게 10년이 넘는 시간을 싸운 끝에 그는 우리가 아는 진중권이 되었다.

4

진중권이라는 한 개인에 초점을 맞추어 지금까지 서술해왔지만, 이것은 너무도 보편적인 이야기이다. 그것을 시간 축의 진행이라는 좁은 의미에서의 '미래'라고 부를 수 있을지는 잘 모르겠지만, '아무튼 지금 내가 사는 이 지금보다는 나은 것'은 언제나 저 바다 건너 어딘가에 있었고, 그것을 적절하게 가져올 수 있는 능력을 지닌 사람들도 늘 존재했다.

　　가령 삼성 그룹의 고(故) 이병철 회장을 보자. 그는 매년 "당시 삼성 도쿄 지사가 있던 가쓰미가세키 빌딩 책방"에서 "경제, 기술, 역사, 추리소설까지"[4] 싹쓸이했다. 그리고 아키하바라 전자 상가에서 신제품

3　진중권, 앞의 책, 머리말.
4　하세가와 게이타로 인터뷰. 선우정, 「한국이 일본 따라잡을 수 있다… 40년 전 그는 이미 확신했었다」, 『조선비즈』, 2010년 2월 5일 자.

을 섭렵해왔다. 그것들은 그대로 삼성 그룹의 사업 방향, 전략 구상, 신제품 아이디어가 되었다. 이병철 회장에게, 미래는 현해탄 너머에 있었던 셈이다.

그것은 비단 삼성만의 일이 아니다. 다들 알고 있겠지만 국산 과자 중 대다수는 일본에 오리지널 제품이 있다. 그렇게 과자를 먹고 돌아다니던 시절에는 너무 어려서 대체 왜 사람들이 공사장 인부도 아닌데 '안전지대(安全地帶)'라고 쓰인 점퍼를 입고 다니는지 이해할 수 없었다. 나중에 알고 보니 그것은 일본 밴드의 이름이고, 국내에 정식으로 수입되지도 않았지만 알 만한 사람들은 알음알음 다 찾아 듣고 있었고, 그래서 그 패션까지 덩달아 수입 혹은 모방되고 있었다는 것이다.

문제는 이러한 노골적 참조 혹은 모방의 과정이, 굳이 라캉 혹은 지젝의 용어를 빌려 말하자면, 대단히 외설적으로 전개되었다는 데 있다. 일본은 우리를 괴롭히는 나쁜 놈이고 일제가 아니라 국산품을 써야 한다고 공교육이 떠들고 있던 바로 그 시점에, 대한민국의 산업 구조는 일본제 부품을 수입하여 완성품을 내다 파는 형태로 고착화되고 있었고, 비단 대중가요뿐 아니라 학술 담론부터 어린애들 과자까지 '현해탄 너머 근 미래'의 자장에서 자유로운 무언가를 찾는 것이 더 어려운 상황이었다.

5

이 어설픈 이중 구속은 당연히 분열증을 초래한다. 분명히 나의 자아는 '일본은 나쁘다'라고 외치면 칭찬해주는 초자아 밑에서 형성되었는데, 바로 그 초자아는 알고 보면 노골적으로 일본의 모든 것을 (심지어 제대로 로열티도 지불하지 않고) 갖다 베끼고 있다. 초자아가 하나가 아니라 둘인데 서로 다른 소리를 지껄인다.

해법은 크게 두 가지이다. 평범한 사람들은 이 경우 '아, 세상은 원래 이렇구나'라는 새삼스러운 깨달음을 얻고 '어른'이 된다. 그게 뭐가 문제냐고 대수롭지 않게 어깨를 으쓱거리기도 하고, 기왕 이렇게 된 거 좀 더 본격적으로 일본 문화에 천착하기도 한다. 그중 웹툰 작가 윤서인처럼 삐뚤어진 이들은 '한국의 모든 것은 일본 짝퉁인데, 순진한 너네만 모른다'는 태도로 이죽거리고 위악적인 제스처 속에 자신의 일그러진 자아를 내비친다.

매체 관련 종사자, 특히 방송인들을 만나보면 많이 하는 소리가 있다. 대중은 네 생각만큼 똑똑하지 않으니 딱 '반 발자국'만 앞서 가라고, 세상 다 살아본 것처럼 '나도 너처럼 열정이 있었는데' 하는 느끼한 표정으로 내놓는 바로 그 이야기 말이다. 그런데 세상이 뭔지도 정확히 알 수 없는 판에 어떻게 그걸 딱 반 발자국만 앞서갈 수 있단 말인가? 그 이야기를 풀어서 설명해보면 다음과 같은 것이다.

1　　우리의 세상은 어딘가에 있는 진짜 세상의 싸구려 복제품이다.

2　　그 진짜 세상이 어디인지 실은 너도 알고 있다.

3　　그러므로 네 창조성의 근원을 그곳에 두되, 간 봐가면서 베껴라. (절대 '그곳'이 어디인지 직접 말하지는 않는다는 점에 주목할 것.)

그러나 세상에는 유달리 순수한 영혼들이 있는 법. 그들은 자신의 초자아가 그들을 속여왔다는 사실을 참아낼 수 없다. '일본은 나쁘다', '우리의 소원은 통일이다'와 같이 '초자아 1호'가 기입한 명령을 끝까지 이수해내는 것이 그들의 실존적 과제로 떠오르게 되는 것이다.

　　이승만 시절부터 정통성이 부족했던 한국의 지배 계층은, 겉으로는 민족의식과 반일 감정을 떠들면서 뒤로는 일본의 모든 것을 수입해서 '미래'를 한 걸음 먼저 걷는 이중 전략을 택해왔다. 국민들에게 통합의 기제를 제공하기 위해 외부의 적을 부풀리고, 그 국민들을 통솔하기 위해 가장 가깝고 유사한 선진국의 사례를 참고하는 것은 너무도 자연스러운 전략적 선택이다. 문제는 그 두 대상이 한 나라였다는 것이다.

　　당연한 현실을 외면하기 위해 또 하나의 당연한 현실을 창조해낸 현대 대한민국의 설계자들이 있고, 공부 머리가 팽팽 돌아가지만 잘 의심할 줄은 모르는 성격의 아이들이 있다. 그 아이들은 엄마 아빠 선생님의 칭찬을 받기 위해 그 관제 국가/민족주의 서사를 달달 외우고 몸에 익혔다. 독립기념관의 유관순 누나 고문실 앞에서 이유 모를 눈물을 흘리던 소년들에게 '사실 이 나라는 처음부터 끝까지 일본 짝퉁이고, 일부러 그런 길을 택하고 있다'는 진실이 도래하는 순간은 이렇듯 구조적으로 예정되어 있었다.

　　이때 고개를 돌려 북녘을 바라보면 거기에는 또 하나의 소실점이 있다. '김일성 항일무투사', '수령님 쓰시던 축지법, 오늘은 장군님 쓰시는', '우리만큼 풍요롭지는 못해도 지킬 것은 지키고 사는' 우리 민족의 나라 말이다.

6

소비에트 연방이 무너진 후 북극성은 점점 그 영롱한 빛을 잃어갔고, 북한에서 보낸 잠수정을 타고 김일성을 만나고 온, 말하자면 소실점 끝에서 빛이며 진리인 신을 만나고 온 주체사상의 대부 김영환은 스스로 만들어낸 조직을 해체하고 전향을 택한다.

　　그를 포함하여 이른바 '전향'을 택한 주체사상파 중에는 북한에 다녀온 사람들이 적지 않다. 그들은 직접 소실점에 발을 디뎠고, 그것이 자신이 꿈꾸던 것과 너무도 다르다는 사실을 알아차렸다. 하여 그들은

생존을 위해, 또는 북한이라는 엉뚱한 곳에서 정치적
진리를 찾고자 했던 스스로를 비판하기 위해, '대한민
국의 정통성'이라는 텔로스를 향해 다시금 자신들의
모든 것을 정렬했다. 우리가 아는 이른바 '뉴라이트'의
변증법적 탄생 과정이다.

터무니없이 자랑스러운 대한민국, 당신들이 잘
모르지만 사실 아직 괜찮은 북한 외에도 한국의 담론
계에 여러 개의 소실점이 등장하기 시작한다. 파리에
서 택시를 몰던 '남민전의 전사' 홍세화는 관용이라는
한국어 대신 '톨레랑스(tolerance)'라는 프랑스어를
화두로 제시했다. 68혁명 이후의 프랑스 철학에 기대
어, 혹은 자신들의 육체적 직접성에 의존하여, 성 정치
와 개인의 자유를 외치는 목소리들도 비로소 들리기
시작했다. 그리고 한국에 돌아온 진중권은 그나마 남
아 있는 소실점들을 더듬어내는 작업에 착수한다.

2002년에 쓴 글 「적, 녹, 흑 – 진보 정당을 중심
으로」에서 사민주의, 생태주의, 무정부주의를 "21세
기에 우리 사회에서 생존이 가능한 좌파적 가치들의
목록"으로 꼽은 그는, 그 각각의 차이를 인정하면서도
그것들이 상호작용하여 진보 정당 운동의 지도 이념
(들)이 되기를 희망한다. 그의 주된 비판 대상은 아직
까지도 북한을 유효한 이상향으로 꼽는 자들, 동시에
진보 정당 운동을 '사회주의'의 이상에 부합하지 않는
다며 비아냥거리는 '좌파 신학자'들이다. 그 "신학자

들의 독재에 종지부를 찍"고, "대안을 마련하고 정책
을 제시"하며, "이를 위해서 해결해야 할 수많은 이론
적, 실천적 문제들을 기꺼이 끌어안"[5]는 것, 그것이 베
를린이라는 미래에서 서울이라는 과거로 돌아온 진중
권이 내놓은 해답이었다.

7

앞서 말했듯 진중권은 성공한 사회주의 국가인 동독
에 가고 싶었지만, 대신 사민주의적 기획이 시민들에
게 살 만한 세상을 만들어주고 있었던 서독 혹은 통일
독일에 도착했다. 그곳에서 그는 고국의 현실이 담긴
박스를 받아 들고는 엉뚱하게도, 아니 적절하게도 다
음과 같은 질문을 던진다. "우리의 90년대는 파시즘이
대두하던 30년대의 인용이었을까?"

　　우리의 90년대와 그들의 30년대 사이에는 우리
의 90년대와 그들의 90년대만큼 넓은, 아니 그보다 더
큰 간극이 놓여 있다는 것을, 이성적으로 곰곰이 되짚
어보면 진중권 본인도 부정할 수 없을 것이다. 중요한
것은 바로 그 원고를 쓰는 순간 본인이 조국에 대해 느
끼는 시차를 독일의 과거로 치환할 수밖에 없는 그 정
신적 기제이다.

5   진중권, 「적, 녹, 흑 – 진보 정당을 중심으로」, 『사회비평』, 31
호, 나남출판, 2002년.

한국의 모든 것을 '한국적 특수성' 같은 무성의한 개념하에 싸잡을 생각은 없다. 하지만 아무리 관대한 기준을 적용하려 해봐도, 그게 그거랑 비교할 대상이 되긴 할까? 베른슈타인이 카우츠키와 사민주의 논쟁을 벌일 당시, 카우츠키는 마르크스의 유언 집행인이었고, 독일은 세계 사회주의 운동의 중심지였다. 80년대 인천에만도 100여 명의 레닌이 있었다고는 하지만 그게 그거랑 비교가 되긴 하냔 말이다.

생태주의로 넘어오면 문제가 더욱 심각하다. 한국에서 생태주의 담론을 이끌고 있는 매체인 『녹색평론』의 발행인 김종철은 2012년 어느 강연에서 "얼마나 애들이 약합니까. (⋯) 약간 손찌검하면 체벌이라 이러고, 물론 저도 체벌은 안 좋다고 생각해요. 그러나 부모가, 그리고 사랑하는 제자를 선생이 가르치는 데 있어서 때때로 매질을 안 할 도리가 없잖아요. 안 하는 게 이상하지⋯"[6]라는 발언을 하여 구설수에 오른 바 있다. 학생들끼리 학교 안에 텃밭을 만들어서 농사를 짓는데, 스스로를 너무 대견해한다며 '꿀밤'을 때리고 싶어하는 맥락이다. 아마 지금도 크게 다르지 않을 것이다. 논에 자라는 잡초인 피는 벼와 혼동하기 딱 좋

6   수수, 「'아이들에게 핵 없는 세상을'이 도대체 뭐가 문제냐고?」, 『인권오름』, 2015년 11월 18일 자. http://hr-oreum.net/article.php?id=2664

게 생겼다. 잘못해서 피가 아니라 벼를 뽑으면 손찌검을 당한다. 독일 생태주의에 숲속에서의 은둔과 명상의 아우라가 어우러져 있다면, 한국의 생태주의는 전근대적 가족주의의 맥락으로부터 아직 자유롭지 못하다고 말할 수 있다.

더구나 거기에는 진중권의 생각처럼 "생태주의가 제 목표를 달성하려면, 역시 국가를 통해 시장에 개입하여 거기에 생태계 보존을 위한 한계 조건을 설정해야 한다"[7]는 명확한 인식이 완전하게 공유되어 있지 않다. 원시적 공동체에 대한 향수, 생태적 소비에 대한 강한 동경 등이 한국 생태주의의 현주소를 기술하는 데 더욱 적절한 표현일 것이다.

그 와중에 흑색 무정부주의의 맥락이 끼어들자 진보 정당 운동은 고사하고 진보 정당 운동에 동참하는 사람들이 모인 인터넷 게시판조차 제대로 통제가 안 되는 결과가 초래되었다. "발랄한 '자율주의' 이념을 전유하여 당의 조직을 직접민주주의의 네트워크로 만들어야 한다"[8]는 기획이, 당시 진중권이 주로 이용하던 게시판을 자기 일기장 삼는 열두 명의 '불온한 사이버 전사들'에 의해 재전유되는 것은 사실상 시간문제에 지나지 않았다.

진중권, 「적, 녹, 흑 – 진보 정당을 중심으로」.

위의 글.

거대한 텔로스는 무너졌고, 그 속에서 다층적인 맥락을 서로 엮어서 현재를 지탱할 수 있는 '진보의 별자리'를 그려내기 위해 노력했지만, 인디언의 텐트처럼 서로가 서로를 지지하도록 개별적인 '미래' 혹은 '미래의 과거'들을 포개는 일은 말처럼 쉽지 않았다. 오히려 한국의 특유한 맥락들이 뒤엉키면서 적, 녹, 흑을 섞으면 똥색이 나온다는 것을 깨닫고 나니 10여 년이 흘렀고 진보 정당 운동은 그 수명을 다하고 만다.

8

자신을 형성시킨 과거로부터 벗어나 미래를 몸으로 경험하고, 다시금 물화된 총체성의 형태로 자신에게 돌아온 '그 과거'를 만나게 되었을 때, 진중권뿐 아니라 많은 사람들이 '미래의 과거'를 준거점으로 삼아 '과거인 현재'를 비판하고자 시도했다. 앞서 언급한 홍세화의 경우도 그렇다. 그는 한국의 보수가 사실은 극우, 즉 민주주의의 가치를 지키려는 최소한의 양식도 없는 앵톨레랑스(intolérance) 세력임을 강변하고자 했다. 그래서 프랑스와 알제리의 전쟁 당시, 알제리의 편을 들었던 사르트르를 옹호하며 드골이 내뱉은 발언 "그도 프랑스야"를 줄곧 인용했다.

물론 그것은 말 그대로 '제왕적 대통령'이었던 드골의 품격에 어울리는 발언이지만, 90년대 말에서 2000년대로 넘어가던 대한민국의 맥락에서는 전혀 다

른 방식으로 수용되었다. 홍세화가 전파한 이 불란서
제 '톨레랑스'는, 비주류적 가치와 주류적 삶을 동시에
지향하던 『한겨레』 독자들에게 큰 감명을 주었다. 사
르트르처럼 폼 나게 살고 싶지만, 동시에 드골처럼 출
세하고 싶은 이중적 욕망이 서로를 톨레랑스할 수 있
는 랑데뷰 포인트가 마련된 것이다.

　　유럽의 만만한 '강소국'들이 부쩍 롤 모델로 제
시되고 있는 것 또한 현재, 혹은 아직도 '과거인 현재'
를 규정짓는 특징 중 하나다. 덴마크식 교육, 스웨덴의
전설적 사민주의 정치인 비그포르스가 이룩해낸 잠정
적 유토피아의 꿈, 마리화나와 성매매마저도 자유로
운 네덜란드, 핸드폰 팔아서 먹고살던 핀란드, 노키아
가 망하니까 앵그리버드로 다시 세계를 호령하는 작
지만 강한 나라 핀란드 등등. 전략 지도는 온데간데없
고, 관광 엽서에 대한민국의 미래를 그리는 것이 우리
의 '오늘'이다.

　　혹자는 이렇게 말할 수도 있다. 미래가 미래로
서의 동력을 잃어버린 것은 2012년 현재를 규정짓는
현상 아니냐고. 대신 복수의 참고점들을 동원하여, 과
거를 인용하면서도 과거에 잡아먹히지 않는 전략이
중요한 게 아니겠느냐고.

　　그것은 어디까지나 미래가 미래로서의 위상을
온전히 지니고 있던 과거의 프론티어에서, 혹은 격차
를 비교적 쉽게 극복할 수 있는 분야의 경우 타당할 수

있다. 미래를 예측하는 가장 쉬운 방법은 미래를 만드
는 것이라고 말하고 고개를 끄덕일 수 있었던 사람들
이라면, 그 관성을 이어가기 위한 방식으로 인용된 과
거들에 대한 인력과 척력을 활용하는 것이 가능하다.
성공리에 지표면에서 발사된 보이저 호가, 자체 추진
력을 잃은 후에도 그 진행 관성 및 태양계 행성들의 인
력을 이용해 스윙바이(swing-by) 방식으로 명왕성을
지나 태양계 바깥을 향해 날아가고 있는 바로 그것처
럼 말이다.

하지만 우리는 미래를 예측하기 위해 미래를 수
입해왔던 사람들이다. ('우리'라는 주어의 오류를 피
하기 위해 이렇게 말해보자. 나는 내 삶의 맥락이 '미
래를 형성하는 사람들'의 그것과 아무 상관없이 진행
되어왔다는 것을 인정하지 않을 수 없다. 당신은 어떤
가?) 진중권이 독일식 사민주의를 이야기하면, 정작
그에게 돌아오는 것은 '너 독일 갔다 와서 좋겠다'는
식의 반응뿐이었다. 그것은 이른바 '국민감정'에서 한
치도 어긋나지 않는 것이기도 하다. 조선의 문제를 해
결하기 위해 중국에 체류 중이던 천주교 주교에게 편
지를 쓰던 황사영의 1801년과 우리의 21세기는 이렇
게 만나고 있는 것이다.

9

그리하여 우리에게 남는 것은 정보와 문화의 시차, 이

곳에서의 정치적, 사회적 맥락, 역사적으로 축적된 집
단 경험, 동아시아인의 신체 비율 혹은 구강 구조 따위
등으로 인해 필연적으로 왜곡되고 간섭된 형태로 제
시될 수밖에 없는 세계의 최고봉, 즉 에레베스트뿐이
다. 철 지난 유머에서 나폴레옹이 내뱉는 횡설수설처
럼 언제나 우리는 '이 산이 아닌가 보다'라고 외치기만
한다. 도달할 수 없는 실체로서의 미래, 도달할 수 있
을 것 같은 환상으로서의 미래의 과거. 내가 기억하는
독일, 조국에서 쫓겨난 나를 받아주었지만 끝내 내가
사랑할 수는 없었던 프랑스, 그 골목의 구석구석을 서
울보다 더 뚜렷하게 알고 있는 영혼의 고향 파리. 나의
현실보다 더 현실적이었던 그곳의 삶.

　　　　물론 어린 시절의 진중권은 자신이 '에베레스
트'를 말하고 있다고, 그 어떤 정치적 외압에도 굴하지
않고 말할 것이다. 하지만 지금의 진중권은 과연 '도
이칠란트'를 제대로 발화하고 있을까? 갑작스러운 흡
수 통일 이후 성장 동력을 잃어가는 조국을 개구리 뒷
다리처럼 펄떡거리게 만들기 위해 하버마스의 동년배
들은 무리한 유로화 통합을 밀어붙였고, 그래서 독일
은 희생자들의 시체 위에서 반짝 호황을 맞이했다. 유
럽식 사민주의의 원동력이 과연 '시민 사회의 상식'인
가? 나는 아니라고 생각하지만, 정말 정직하게 말하자
면, '그렇다'라는 답을 듣고 싶다. 인류 보편의 이성과
상식의 힘으로, 단지 우리보다 그들이 조금 더 먼저 도

달했을 뿐인, 지금 여기서도 실현 가능한 이상이라는
바로 그 이야기를 진중권이 확신에 가득 차서 말하는
그 모습을 보고 싶다.

덧붙여 한 가지 지적하고 싶은 것이 있다. '잠수
함의 프로펠러'는 '잠수함의 스크루'보다 더 정확한 표
현이다. 구글에서 'screw submarine'을 검색해보라.
가장 먼저 위키피디아의 'Propeller'가 제시된다. 해
당 항목을 클릭해보면 "A marine propeller is some-
times colloquially known as a screw propeller or
screw", 즉 "해양 프로펠러는 일상적으로는 종종 스크
루 프로펠러, 혹은 스크루라고 통한다"는 부가 설명이
뒤따른다. 둘 다 통용될 수 있는 표현이겠지만 뭐가 더
'옳은가'를 따지면, 어린 시절의 진중권이 아니라 그
친구들이 옳았다.

아마도 어떤 확신의 근거를 책이나 백과사전에
서 읽은 소년 진중권과 달리, 그 친구들은 '헬기에도
빙글빙글 도는 게 프로펠러니까 잠수함도 그렇겠지'
라는 추측에 기반하여 그런 소리를 했을 것이다. 그 단
순한 유비 추리의 타당함을, 소년이 중년이 된 지금에
서, 그의 전성기에 나의 청춘을 포개어놓았던 내가, 위
키피디아를 통해 확인한다. 내 한때의 영웅마저도 에
레베스트에 오르고 있었다는 것을 이토록 길게 곱씹
고 있는 나는, 내가 나이기 때문에 지향하지만 도달할
수 없는 그 어떤 곳을 향하고 있을 것이다.

낭만적 거짓과
통계적 현실

건축가는 건물을 짓고, 기술자는 전기 제품을
만들고, 크리에이터는 애니메이션을 만들잖아
요. 그런 사람들은 모두 뭔가를 읽어서 사회가
어떻게 돌아가는지 지식을 얻고, 그 다음에 자
기도 이렇게 대응해야지 — 라는 생각을 하게
되는 게 아닐까 해요. 그런, 세상의 근간이 되는
뭔가를 저는 쓰고 싶어요.[1]

1

갓 대학에 입학한 아즈마 히로키는 장차 무엇이 되고
싶으냐고 묻는 어머니를 향해 저런 대답을 내놓았다.
일본의 저널리스트 사사키 도시나오에 따르면, 아즈
마 히로키는 이후로도 계속 "세상의 근간이 되는 뭔

---

1   사사키 도시나오, 「아즈마 히로키 – '근간'이 되는 세계관을 재
구축하기 위해(東浩紀 – 「おおもと」の世界観を再構築するため
に)」, 안천 옮김, 2010년 12월 23일(http://wp.me/pRHDb-F). 한
국어 번역문이 원문 매체(『AERA』, 2010년 12월 27일 자)보다 빠
른 시점에 게시되었다.

가"를 쓰기 위해 살아왔다고 한다. 개별적인 기능인, 전문 분야의 지식인들의 삶과 앎을 포괄할 수 있는 무언가를 염두에 두고 있었다고, 우리는 저 말을 해석해 볼 수 있다.

　저 기사가 작성되고 출간된 것은 2010년 12월의 일이다. 한편 그의 저서 『일반의지 2.0(一般意志 2.0)』(2011)에 따르면, 그 책의 토대가 되는 '일반의지 2.0'은 고단샤의 홍보용 매체인 『책』에 2009년 겨울부터 2011년 봄까지 1년 반에 걸쳐 연재되었다. 그러므로 저 기사가 나온 것은 마지막 즈음의 연재 원고를 작성 중인 상황이었을 것이다.[2]

　루소의 개념을 설명하고 그것을 전유해 자신의 것으로 삼은 후, '민주주의의 무의식'을 드러내는 새로운 민주주의를 고안하는 야심 찬 기획이 거의 끝나갈 무렵, 아즈마 히로키는 다른 누군가가 자신의 삶을 정리해놓은 글을 읽었다. 그는 만족했다. "아즈마 씨 본인이 말하길 이 글 읽고 감동 받았"다고, 원문의 출간과 관련된 모든 주체들, 즉 사사키 도시나오, 아즈마 히로키, 『AERA』, 아사히신문사의 허락을 모두 맡아 한국어로 해당 텍스트를 옮긴 이는 전하고 있다.

　실로 「아즈마 히로키 — '근간'이 되는 세계관을

2　아즈마 히로키, 『일반의지 2.0』, 안천 옮김, 현실문화, 2012년, 7쪽 참조.

재구축하기 위해」에는 지식인으로서 만족할 만한 자
아상이 거의 모두 구현되어 있다. 어려서부터 비범했
던 소년, 그 재능을 십분 발휘할 수 있도록 그의 재능을
알아봐준 스승, 스승이 깔아놓은 레일에서 벗어나 자
신의 길을 찾아나서는 젊은 지식인, 그럼에도 불구하
고 이해받지 못하기 때문에 겪을 수밖에 없는 고독.

　　"아즈마 히로키(39)는 항상 초조한 모습이다.
초조하고, 고립무원이었다."[3] 매력적인 첫 문장 이후
전개되는 내용을 간략히 줄여보자면 그렇다. 지나치
게 과장하고 있지는 않지만, 일종의 영웅 서사 속에 아
즈마 히로키가 배치되어 있다. 어렸을 때부터 지금까
지 초조함을 느끼며 고립무원의 상태에 놓여 있었지
만, 그럼에도 불구하고 "세상의 근간이 되는 뭔가"를
쓰고 있는 한 지식인. 그리고 얼마 후,『일반의지 2.0』
이 출간되었다.

                          2

많은 이들이 이미 알고 있다시피『일반의지 2.0』은 아
즈마 히로키가 말하는 바 '일반의지 2.0'을 통한 민주
주의의 재구성을 꾀하는 책이다. 이 책 역시 "세상의
근간이 되는 뭔가"를 논하는 것 중 하나라면, 그 주제
는 상당히 보편적인 차원을 향하고 있다는 뜻이다. 그

3   도시나오, 앞의 글.

는 "현 국면에서 우리에게 필요한 것은 유럽의 시민사
회 모델을 무작정 뒤쫓는 것이 아니라, 오히려 일본의
문화 풍토에 맞는 대안적인 공공성이나 민주주의를
기초부터 사고하고 구축하려는 시도"라고 말하면서
도, "우리는 민주주의의 보편성을 전적으로 수용하고
있으며, 그 이념이 진정한 의미에서 보편성을 담보할
수 있도록 일본 사회의 경험을 유효하게 활용해야 한
다"[4]고 말한다.

　　이것은 상당히 대담한 발상이다. "서양의 사회
사상이 간과해온 '또 하나의 민주주의'를 갈라파고스
화한 일본의 인터넷 서비스가" 실현하게 되리라고 그
는 선언한다.[5] 콤플렉스를 장점으로 들이밀고, 타자에
의해 비아냥거리는 용도로 사용되던 표현을 자신의
정체성 및 에고를 뽐내기 위한 것으로 재활용하는 화
법을 우리는 목격할 수 있다. 아즈마 히로키는 이 책을
통해, 약관의 나이에 난해한 현대 철학을 해석하고 설
명하는 신동, 일본 하위문화를 비평의 대상으로 끌고
들어와 당당히 자기주장을 펼치던 신진 비평가를 넘
어, 단지 일본뿐 아니라 전 세계의 보편적 화두인 민주
주의를 사유하고 해답을 제시하는 사상가로 발돋움하
고 있는 것이다.

4　히로키, 앞의 책, 14~15쪽. 강조는 원문.
5　같은 곳.

그리고 2011년 3월 11일. 지진이 일어났다. 아즈마 히로키가 『일반의지 2.0』의 마지막 원고를 넘기고 그것이 실린 잡지가 발행된 직후의 일이었다. 그는 자신이 꿈꾸었던 대담한 작업물을 세상에 내놓았다. 마지막 원고를 털어내고 난 후 스스로 대단히 뿌듯했을 터이다. 하지만 태평양의 단층이 흔들렸고, 깊은 바닷물이 출렁거렸으며, 거대한 해일이 후쿠시마를 덮쳤다. "정권 교체로 일본 전체가 들떠 있는 분위기에서 정치에 대한 기대가 최고조에 달한 직후에 시작"했고, "정치 자체에 대한 기대가 급속히 수그러드는 광경을 바라보며 집필을 계속"[6]해나갔던 아즈마 히로키는, 자신이 만들어낸 거창한 꿈의 원고를 다시 읽어보며 "이는 지진 전에는 일본의 미래가 향할 하나의 지침이 되었을지도 모른다. '꿈'이 되었을지도 모른다. 하지만 지진 후에도 그럴까?"[7]라는 회의적인 질문을 던지게 되었다.

선택의 기로에 선 그는, 지금까지와는 달리 연재했던 원고들을 크게 손보지 않고 묶어서 책으로 내는 쪽을 택했다. "만약 지금 마음껏 수정을 한다면 필자는 아마 이 책을 일본론으로 변형시키고 말 것"[8]이

---

6   위의 책, 11쪽.
7   위의 책, 17쪽.
8   위의 책, 17~18쪽.

라고 그는 말했다. 3·11 대지진이 벌어졌건 그렇지 않
건, 민주주의는 "세상의 근간이 되는 뭔가"일 테지만,
"아마 많은 독자들은 현재 일본의 미래를 논해야 한다
면 그런 꿈에 대해서 말하기 전에 더 우선시해야 할 것
들이 있다고 느낄 것"[9]이다. 아즈마 히로키의, 순식간
에 시의적절하지 않게 되어버린 연재 원고는 그렇게
책으로 나왔다.

> 더 이상 꿈에 매력을 느끼지 못해서 수정을 하
> 지 않는 것이 아니다. 지진 이후에 필자는 꿈을
> <u>꿈으로 솔직히 이야기할 수 없게 되었기 때문에</u>
> <u>고쳐 쓰지 않기로 한 것이다.</u> 이 책은 지진 전의
> 필자만이 쓸 수 있는 책이었다.[10]

3

이쯤에서 잠시 『일반의지 2.0』의 전체적인 논지를 정
리해보자. 저자가 서문에서 스스로 설명한 바를 인용
하는 것만으로도 그가 주장하는 취지를 그대로 전달
할 수 있다.

> 일본은 '분위기를 읽는' 것에 능숙하다. 그리고

---

9   위의 책, 17쪽.
10   위의 책, 18쪽. 강조는 인용자.

정보 기술의 응용에도 능숙하다. 그렇다면 무리
해서 자신들에게 맞지 않는 숙의라는 이상을 추
구할 것이 아니라, '분위기'를 기술적으로 가시
화하고 합의 형성의 기초로 삼을 수 있는 새로
운 민주주의를 구상하는 편이 낫지 않을까? 그
리고 만약 그런 구상에 이르는 논리적인 틀을
루소가 이미 2세기 반 전에 만들었다면, 어쩌면
일본은 민주주의가 정착되지 않은 미숙한 나라
가 아니라 반대로 민주주의 이념의 기원으로 되
돌아가 새로운 운영 방식을 개발한 선구적인 나
라로 세계로부터 존경받고, 또 주목받게 되는
것이 아닐까?[11]

『일반의지 2.0』의 표지에는 루소, 프로이트, 구글이
라는 세 개의 고유명사가 등장한다. 그리고 방금 인용
된 문단에는 '분위기'라는 단어가 따옴표 쳐진 채 등장
하고 있다. 바로 그 "'분위기'"가, 루소의 『사회계약론
(*Du Contrat social*)』(1762)에 등장한 이후 그 개념적
혼란함 때문에 해석자들을 당혹스럽게 했던 '일반의
지'와 유사하다고 아즈마 히로키는 주장한다. 게다가
그 '일반의지'에는, 루소의 명시적인 언급과 달리 무의
식이 존재한다는 것이 아즈마 히로키의 해석이다. 그

11 위의 책, 13~14쪽.

시점에서 무의식이 거론되기 때문에 프로이트에 대한 논의가 책에 등장하게 된다. 마지막으로 구글은 오늘날의 발달된 정보 기술을 표상하며, 그것을 통해 아즈마 히로키는 '분위기'의 가시화, 즉 '일반의지 2.0'의 가시화를 도모할 수 있다는 결론에 도달하게 되는 것이다.

이것은 『일반의지 2.0』 이전에도 수없이 논의된 사이버 민주주의 등을 떠올리게 한다. 인터넷을 통해 시민들의 의견이 더 잘 드러나고 소통할 수 있게 되었으니, 그에 맞춰 민주주의도 변화해야 한다는 주장은, 인터넷이 대중적으로 널리 사용되기 시작한 시점부터 지금까지 지속되어오고 있는 하나의 강렬한 이상향이다. 아즈마 히로키의 용어를 빌리자면, 지식과 판단력을 갖춘 시민들이 '숙의'하여 공공의 의사 결정을 내리는 기존의 민주주의 체제를, 정보 기술을 통해 더욱 강화하고 북돋는 것이다.

반면 아즈마 히로키의 생각은 다르다. 일본인들은 "'분위기를 읽는' 것에 능숙"하며, "정보 기술의 응용에도 능숙"하지만, "숙의를 잘 못하는 것으로 알려져 있다. A와 B라는 다른 의견이 대립했을 때, 토론을 통해 제3의 C라는 입장을 만들어 합의에 도달하는 변증법적 합의 형성이 서투르다는 말을 듣는다."[12] 현해

---

12 위의 책, 13쪽.

탄 건너, 모든 면에서 일본을 베끼던 한국의 지식인 이
어령에게까지 '축소 지향의 일본인'이라는 비아냥을
들었지만 눈썹 하나 깜짝하지 않았던 일본인들 중에
도, 저런 종류의 스테레오타입에 신경 쓰는 사람이 있
었나 보다. 적어도 아즈마 히로키는 어깨를 으쓱하고
넘어가지 않았다. '일본인들도 너희들만큼 숙의를 잘
한다'고 자존심을 세우려 들지도 않았다. 그는 정반대
방향에서, '일본인들의 장점'과 21세기의 정보 통신 기
술을 결합하여, 새로운 방향의 보편적 민주주의론을
제안하고자 했다.

> 이와 대조적으로 필자가 주창하는 무의식 민주
> 주의는 시민 한 사람 한 사람에게는 더 이상 어
> 떠한 기대도 하지 않고, 오로지 그들의 욕망을
> 물질처럼 취급해, 숙의 또는 설계의 억제력으로
> 활용할 뿐이다.[13]

민주주의를 주장하면서 동시에 시민 한 사람 한 사람
에게는 "어떠한 기대도 하지 않"는다는 과격한 주장
을 하기 위해서라도, 루소라는 문제적 철학자의 이름
이 반드시 필요했을 것이다. 지구가 평평하지 않고 둥
글기 때문에 서쪽으로 가도 추락하지 않는다는 것을

---

13 위의 책, 200쪽. 강조는 원문.

입증하고자 항해를 시작한 콜럼버스는 온갖 수호성인
들의 이름을 부르며 기도를 했을 터이다.

　　아즈마 히로키도 마찬가지다. 민주주의를 주
장하면서 '인민'이 의식적으로 토론하여 올바른 해답
을 찾게 될 가능성을 포기했다. 서쪽으로 배를 몰아 동
쪽에 있는 인도에 도착하겠다는 허풍을 쳐놓고 그것
을 입증해야 할 상황이다. "일반의지가 데이터베이스
라는 이 책의 주장은 실증적인 루소 해석이라 할 수 없
다"[14]면서도, 그는 조용히 성호를 긋고 기도문을 외울
수밖에 없는 것이다. "인간이 만들어가는 정치가 아니
라 사물에 따르는 정치. 루소는 아무래도 이런 사유를
하고 있었던 것 같다."[15]

　　　　4

앞서도 말했듯 『일반의지 2.0』의 본문은 3·11 대지진
및 후쿠시마 원전 사고 이후의 상황을 그다지 반영하
고 있지 않다. 저자 스스로가 그 영향을 최소화하기 위
해 노력했고, 왜 그럴 수밖에 없었는지를 서문에서 충
실히 설명하고 있기도 하다.

　　그런데 지금까지 살펴본 내용만 놓고 보더라도,
전통적인 민주주의의 가치를 염두에 두고 있는 사람

14　위의 책, 91쪽.
15　위의 책, 59쪽.

으로서는 다소 우울해질 수밖에 없다. 시민들 스스로 가 공교육, 언론, 출판, 기타 방법을 통해 스스로 가르 치고 계몽하여, 공동체의 이익에 최대한 부합하는 의 사 결정을 해나가는 것 등에 대해, 루소를 등에 업은 아 즈마 히로키는 관심이 없다. 대신 그는 대중의 무의식 이 정보 기술을 통해 '사물'의 형태로 드러나는 것, 그 것이 정치에 영향을 주는 것이 새로운 민주주의의 방 법론이 될 것이라고 이야기하고 있다.

　　여기서 인민의 의사를 '사물화'한다는 것은 '수 량화'한다는 말과 거의 같은 뜻으로 쓰인다. 하나의 의 견이 아니라 하나의 트윗, 군중의 함성이 아닌 네티즌 들의 '좋아요'를 통해 인민의 무의식이 드러날 수 있고 또 그래야 한다는 것이다.

　　이 시점에서 향후 논의를 위해 아껴두고 있던 비판 지점을 미리 하나 꺼내보자. 일정한 연령대를 넘 긴 모든 국민에게 1인당 1표를 허용하는, 오늘날 대부 분의 민주주의 국가에서 운용되고 있는 보통선거는, 20세기 중반부터 발달한 전자 기술을 적극적으로 차 용하고 있지 않지만, 역시 대중들의 의식과 무의식을 '수량화', 즉 '사물화'하는 것이 아닌가? 아즈마 히로키 는 신기술에 대해 지나치게 열광한 나머지, 오늘날의 민주주의 그 자체가 이미 충분히 무의식 혹은 함부로 드러낼 수 없는 대중들의 욕망 그 자체와 소통하고 있 다는 점을 놓치고 있는 게 아닐까?

　가령 스위스에서는 지방자치, 직접민주주의, 기타 등등 다양한 민주적 가치가 총동원되어 이슬람교도들의 사원인 모스크 설립을 반대하는 투표가 진행되어 통과되었다. 만약 그들이 '선량한 선진국 시민'으로서 숙의하였다면 이런 결과가 나올 수 있을까? 이것을 스위스 시민들의 무의식적, 혹은 의식의 아래에 감춰두고 있는 인종차별주의가 투표라는 방식으로 '사물화'되어 도출되는 것이라고 해석한다 해도 그리 큰 무리는 없을 것이다.

　그 속도가 빠르고 전 지구적이어서 그렇지, 사실 정보 기술에서 불특정 다수의 의견을 취합하고 그를 통해 어떤 '숫자'나 '사물'을 만들어내는 방식은, 기존 대의 민주주의에서 사용하던 방법론을 개량한 것에 가까울 때가 많다. 가령 우리는 게시판에 누군가 글을 올렸을 때, 찬성 의견과 반대 의견을 독자들이 클릭해서, 찬성이 많으면 더 많은 사람들이 볼 수 있게 하고 반대가 높으면 블라인드 처리하거나 삭제하는 방법론에 익숙하다. 물론 그것은 인터넷과 함께 개발된 게 결코 아니다. 아테네 사람들은 서버도 모뎀도 아이폰도 없었기 때문에 도자기 파편에 선을 그어 누군가를 오프라인의 '아고라'에서 '강퇴'시켰을 따름이다.

　기존의 민주주의를 '숙의 민주주의'라 칭하고, 그 모델 속에서는 투표권 혹은 주권을 가진 모든 이들이 최대한의 의사소통을 나눈 후 합리적으로 토론하

여 결정하였으리라고 보는 그것부터가 일종의 허수아
비 논의에 가깝다고 나는 생각한다. 물론 일본, 중국,
한국처럼 권위적 유교 통치의 전통이 강한 나라에서
서구 민주주의를 바라본다면 그것은 외견상 숙의를
통해 형성되고 굴러가는 것 같다. 하지만 민주주의 이
전에도 그랬고 이후에도 그러할 수밖에 없는 하나의
진실이 있다. 정치란 본질적으로 이해관계를 조율하
고 조정하는 과정이라는 것이다.

　　　그렇기 때문에 '숙의 민주주의'건, 사물화된 무
의식에 기반을 둔 새로운 민주주의건, 모든 정치적 의
사 결정에는 만족하는 사람과 그렇지 않은 사람이 생
길 수밖에 없다. 그 이해관계에 따라 파벌, 이익 단체,
정당, 기타 등등 다양한 형태의 조직이 생겨나는 것 역
시 자연스러운 일이다. 루소와 같은 초기 민주주의 이
론가들, 특히 사회계약에 대해 논의한 정치철학자들
은, 그렇게 서로 상이한 이해관계가 있음에도 불구하
고 어떻게 인간들은 하나의 정치적 결사를 구성하여
그것을 깨뜨리지 않고 유지할 수 있는지 여부에 대해
논의하기 시작했다.

5

루소가 말하는 '일반의지'는 그러한 논의의 맥락을 전
제하고 보면 그리 이상한 것이 아니다. 자연 상태에서
는 그 정의상 박탈당할 수 없는 자유를 가진 개인들이,

자신들이 가진 자유를 내놓아서 하나의 보편적 의지
를 형성하고, 그 의지에 자발적으로 복종한다고 해보
자. 이 경우 개인들은 자신들이 지닌 자유를 전부 내놓
지만, 동시에 사회계약이 성립함과 동시에 자신이 내
놓은 권리를 고스란히 돌려받게 된다. 자유로운 야만
인들은 사회계약을 통해 모두 평등하게 자유로운 시
민으로 재결성되는 것이다. 루소의 말을 직접 인용해
보자.

> 각자는 전체에게 자신을 양도하기에 아무에게
> 도 양도하지 않는 것이 되며, 모든 구성원은 자
> 신이 양도한 권리와 동일한 권리를 타인들로부
> 터 받기에 그가 잃은 모든 것과 동일한 대가를,
> 뿐만 아니라 그가 소유하는 것을 보호하기 위한
> 더 많은 힘을 얻는다.
>
> 따라서 사회계약으로부터 그 본질이 아닌 것
> 을 빼면, 다음과 같은 말로 귀결된다는 것을 알게
> 된다. '우리는 저마다 자신의 신체와 모든 힘을
> 공동의 것으로 만들어, 보편적 의지[16]라는 최고
> 지휘권 아래 둔다. 그리고 우리 모두는 각 구성원
> 을 전체와 불가분의 일부로 받아들인다.'[17]

16 아즈마 히로키가 '일반의지'라고 말하는 바로 그것.
17 장 자크 루소,『사회계약론』, 김중현 옮김, 펭귄클래식 코리아,
2010년, 48쪽.

예컨대 모든 사람이 같은 액수의 돈을 걸어, 모든 사람에게 평등한 이익이 되도록 활용한다면, 그에 참여한 모든 사람들은 이득을 본 것도 손해를 본 것도 아닐 것이다. 그런데 그런 과정을 거치면, 각자 활용할 수 있는 자원, 혹은 '힘'의 속성이 변화한다. 개별적 구성원이 자신의 것으로 독점한 것은 아니지만, 모두가 편익을 누릴 수 있는 권력, 제도, 기타 요소가 출현하는 것이다. 다시 루소의 말을 들어보자.

> 비교하기 쉬운 말로 이 모든 득실을 요약해보자. 사회계약으로 인간이 잃는 것은, 그의 자연적 자유와 마음이 끌려 손에 넣을 수 있는 모든 것에 대한 무제한적인 권리다. 반면에 그가 얻는 것은, 시민적 자유와 그가 갖고 있는 모든 것에 대한 소유권이다.[18]

누가 무엇을 더 많이 가지고 있느냐, 그렇게 손에 넣은 것을 어떻게 활용할 것이냐 등, 분파적이고 개별적이며 서로 충돌하는 이해관계는 논리적으로 볼 때 사회계약 이후에 비로소 가능하다. 왜냐하면 사회계약이 성립하지 않는다면 그 사회 속에서의 '소유권'을 인정해줄 국가도, 소유권의 침해를 막아줄 법원도, 법원의

---

18 위의 책, 52쪽.

판결에 최종적으로 힘을 실어줄 군대와 관료 조직도
있을 수 없기 때문이다.

> 만일 사전의 합의가 없다면, 선출이 만장일치가
> 아닌 이상 소수가 다수의 선택을 따라야 할 의
> 무가 어디에 있는가? 지도자를 원하는 백 명이,
> 지도자를 원하지 않는 열 명 대신 투표할 권리
> 가 어디에서 나오는가? 다수결의 법칙 자체가
> 합의에 의해 이루어진 것이며, 또 적어도 한 번
> 은 전원의 합의가 있었음을 전제로 한다.[19]

일반의지는 이렇듯 사회 내의 갈등을 판단하고 조율
하기 위한 권력이 아니다. 그것은 사회 자체를 사회로
성립시키고자 하는 구성원 전체의 의지일 뿐이다. "사
회계약 속에는 그것이 빈 공식이 되지 않도록 하기 위
해, 보편적 의지에 복종을 거부하는 자는 누구나 집단
전체에 의해 복종을 강요당할 것이라는 약속이 암묵
적으로 함축되어 있다."[20]
　　일반의지는 사회계약을 성립시키고 그것을 유
지하고자 하는 사회 구성원 전체의 의지이기 때문에,
사회에서 자발적으로 이탈하려는 자는 당연히 배제되

19　위의 책, 45쪽.
20　위의 책, 51쪽.

며, 따라서 언제나 만장일치일 수밖에 없다. 또한 논리
적으로만 따져보자면, 자신이 속한 사회를 완전히 파
괴하면서까지 개인의 이익을 추구하는 사람은, 그 사
회 속에서 존재할 수 없다. 설령 그런 자가 있다고 해
도, 그의 의지는 자신의 삶을 완전히 포기하면서까지
사회의 이익을 추구하는 누군가의 공동체적 의지에
의해 상쇄될 것이다. 모든 사람이 각자의 사적 이익을
추구한다 하더라도 그것들은 결국 서로 상충되기 때
문에, 마치 곗돈을 모아서 순서대로 타가면 먼저 받는
사람은 나중에 받는 사람보다 적은 금액을 손에 넣게
되지만 그 총량은 똑같을 수밖에 없는 것처럼, 사회 전
체적으로 보면 궁극적으로는 공공의 이익, 공적 이익,
사회를 형성시키고자 하는 일반의지가 남는다. 루소
의 논의는 그런 이야기이다.

　전체의 의지와 보편적 의지 사이에는 대개 큰 차
　이가 있다. 후자는 오로지 공통의 이익에만 관
　련된 데 반해, 전자는 개인적인 이익과 관련되
　며 따라서 개별적 의지의 총합일 뿐이다. 그런
　데 그 개별적 의지들에서 서로 상쇄하는 과부족
　의지 부분을 빼면 보편적 의지가 남는다.[21]

21 위의 책, 61쪽.

6

『일반의지 2.0』에서 루소를 읽어나가는 아즈마 히로
키의 지적 곡예가 시작되는 것은 바로 이 대목부터다.
『일반의지 2.0』에서 인용된 그대로, 같은 부분을 다시
한 번 옮겨보자. 이것은 앞서 인용된 문단의 마지막 문
장과 같은 내용을 다르게 번역한 것이다. "그러나 이
들[전체의지를 구성하는] 특수 의지에서 상쇄되는 플
러스와 마이너스를 제거하면 차이의 합이 남는데, 이
것이 일반의지인 것이다."[22]

　　전체의지와 일반의지의 차이를 아즈마 히로키
는 이렇게 곱씹는다. "루소는 일단 일반의지는 어디까
지나 공통의 이해에 관계되는 데 반해 전체의지는 사
적인 이해의 총합에 불과하다는 표현을 쓰고 있다."[23]
전체의지가 모두의 의지를 대표할 수 없는 이유에 대
해, 『사회계약론』을 조금 더 훑어본 우리는 아즈마 히
로키보다 나은 대답을 제시할 수 있을 것이다. 왜냐하
면 전체의지는, 다수결에 승복하겠다는, 사회를 형성
하겠다는, 설령 나의 특수한 의지가 꺾인다 하더라도
사회계약을 파기하지는 않겠다는 최초의 일반의지 위
에서 성립하고 있기 때문이다.

　　전체의지가 다수결로 결정된 공공의 의사 결정

22　히로키, 앞의 책, 46쪽.
23　위의 책, 45쪽.

이라면, 일반의지는 다수결로 공공의 의사결정을 하겠다는 본원적 의사 결정 그 자체다. 따라서 전체의지는 언제나 불완전할 수밖에 없고, 일반의지는 그 정의상 완전할 수밖에 없다.

그러나 아즈마 히로키는 『사회계약론』을 평범하게, 당시의 논의 수준에 맞춰 읽어나가고자 하지 않는다. 대신 그는 이런 질문을 던진다. "만약 [일반의지는 공통의 이해에 관계되지만 전체의지는 사적인 이해의 총합에 불과하다는] 이런 정의밖에 없다면 일반의지는 결국 '이념'이고 이상적인 목표이며, 현실에 존재하는 것은 전체의지(모두의 의지)뿐이라는 이해를 극복할 수 없을 것이다. 이와 다른 규정은 없을까?"[24]

여기서 '이념'이라는 단어가 따옴표로 강조되어 있는 것은 그것이 칸트적 '이념(Ideen)'임을 부각시키기 위한 것으로 보인다. 가령 '목적의 왕국'처럼, 우리가 지향하지만 도달할 수 없는 무언가가 이념이고, 그 이념은 화폭 바깥에 존재하는 가상의 소실점처럼 우리의 지성을 정렬하여, 인식 그 자체를 성립하게 한다.

아즈마 히로키는 '이념'이라는 개념을 도입하면서, 공통의 이해에 관계된다고 정의되는 이념은 이상적인 목표로서 현실에 존재하지 않는다고 보고 있다. 하지만 그러한 독해는, 심지어 일반의지 이전에 사

24　같은 곳.

회계약이라는 '이념'을 고찰한 칸트, 즉 '이념'이라는
개념의 저작권자의 반발에 부딪친다. 칸트의 『속설에
대하여: 그것은 이론에서는 옳을지 모르지만, 실천에
대해서는 쓸모없다는(*Über den Gemeinspruch: Das
mag in der Theorie richtig sein, taugt aber nicht für die
Praxis*)』(1793) 제2장은 홉스의 사회계약론 및 그로
부터 파생되는 정치철학적 사고에 대한 비판론인데,
그 속에서 우리는 다음 구절을 발견할 수 있다.

> 오히려 그 계약근원적 계약 또는 사회계약은 이
> 성의 한갓된 이념이지만, 그 이념은 자신의 의
> 심되지 않는 (실천적) 실재성을 갖는다: 말하자
> 면 그 이념은 각각의 입법자가 그의 법칙들을
> 그것들이 하나의 전체 인민의 통일된 의지로부
> 터 생겨날 수 있었던 것처럼 제정하도록 그를
> 구속하고, 각각의 신민이 시민이고자 하는 한에
> 서, 마치 그가 하나의 그러한 의지에 함께 합치
> 한 것인 양 그를 간주한다는 것이다. 왜냐하면
> 그러한 것은 각각의 한 공공의 법칙의 합법성에
> 대한 시금석이기 때문이다.[25]

25　임마누엘 칸트, 『속설에 대하여: 그것은 이론에서는 옳을지 모
르지만, 실천에 대해서는 쓸모없다는』, 오진석 옮김, 도서출판b,
2011년, 45쪽. 강조는 인용자.

우리는 일반의지를 볼 수도 없고 그 소리를 들을 수도 없고 만져볼 수도 없지만, 국가의 전체 법과 질서가 작동한다는 사실로부터, 그 모든 "공공의 법칙의 합법성"의 바탕에 놓여 있는 일반의지의 존재를 확인할 수 있다. 따라서 그것은 한낱 이념이지만, 실재성을 갖는다. 이것은 앞서 우리가 살펴본 루소의 논의와 똑같은 것이다. 사회계약은 모든 개별적인 이해관계를 형성하고 조율하는 모든 계약들이 가능하게 하는 최초의 계약이다. 그 사회계약을 가능하게 하는 모든 사회 구성원의 의지가 바로 일반의지이다.

7

일반의지는 '집단적 의사 결정 이전의 의지'이다. 그런데 사람들이 서로 모여서 파당을 이루고 집단화된 파편적 의지를 형성하면, 당연히 각자의 이익을 추구하는 과정에서 일반의지의 존재감은 희미해질 수밖에 없을 것이다. 따라서 일반의지의 존재감은 모든 사람들이 개인으로서건 집단으로서건 부분적 이해관계를 전혀 드러내지 않을 때, 즉 '갈등 조정 및 이익 배분으로서의 정치'가 사실상 작동하지 않고, 다만 이 사회계약을 유지하는 것이 옳으냐 그르냐 같은 그야말로 토대를 형성하는 문제가 도래할 때에 비로소 언뜻 얼굴을 비친다.

아즈마 히로키가 대단한 '발견'을 해내는 『사회

계약론』의 대목을, 그의 책에서 직접 인용하여 읽어보
자. 아즈마 히로키는 이 부분만은 자신이 프랑스어 원
문을 직접 번역하여 인용하고 있다.

> 만약 인민에게 충분한 정보가 주어져 숙고할
> 때, 시민들이 서로 어떠한 의사소통도 하지 않
> 는다면, 작은 차이가 많이 모여 그 결과 항상 일
> 반의지가 생성되어 숙고는 항상 바른 것이 될
> 것이다. (…) 일반의지가 제대로 표명되기 위해
> 서는 국가 내부에 부분적인 사회가 존재하지 않
> 고, 또한 각 시민이 자기 자신에게만 따르며 의
> 견을 논하는 것이 중요하다.[26]

이 대목을 읽고 아즈마 히로키는 견성(見性)하여 대오
각성의 노래를 부른다.

> 루소는 결사를 인정하지 않는 데 그치지 않는
> 다. 단순히 직접민주주의를 지지하기 위해 정당
> 을 인정하지 않는 것도 아니다. 그는 일반의지
> 의 성립 과정에서 아예 시민 간의 토의나 의견
> 조정의 필요성을 인정하지 않고 있는 것이다.[27]

26 히로키, 앞의 책, 54쪽.
27 위의 책, 55쪽.

당연히 일반의지는 시민 간의 토의나 의견 조정 따위
로 생겨나는 게 아니다. 그것은 우리의 인식 저편에, 칸
트 식으로 말하자면 '초월적'으로 존재하는 사건이기
때문이다. "루소는 분명히 일반의지 생성에 의사소통
은 필요 없으며 각자 자기 자신만 생각하면 된다고 썼
다. 그는 히키코모리가 만드는 공공성에 모든 것을 건
사상가였다"라고 아즈마 히로키는 선언하지만, 애초
에 일반의지라는 것은 중산층의 기준을 연소득 3500
만 원으로 할지 5500만 원으로 할지 따위의 하찮은 문
제에는 개입하지 않는다. 루소의 텍스트를 펼쳐보자.

> 그러므로 개별적 의지가 보편적 의지(일반의
> 지)를 대표할 수 없는 것과 마찬가지로 보편적
> 의지도 개별적인 대상을 가질 때는 그 성격이
> 바뀌어 보편적 의지로서는 사람이나 사실에 대
> 해 판결을 내릴 수 없다. 예를 들어, 아테네의 인
> 민이 그들의 통치자들을 임면(任免)하고, 어떤
> 사람에게는 훈장을 주고 또 어떤 사람에게는 형
> 을 부과할 때, 또한 많은 특별 법령에 의지하여
> 정부가 해야 할 모든 일을 무차별적으로 행할
> 때, 인민은 더 이상 엄밀한 의미에서의 보편적
> 의지는 가지고 있지 않았다.[28]

28 루소, 앞의 책, 65쪽.

루소가 말하는 바 '고상한 야만인'들이 서로 만나지 않고 숙의함으로써 일반의지에 도달하는 것은, 그들이 2ch이나 니코니코 동영상에서 리플을 달고 실시간 방송을 진행하는 것과는 전혀 무관한 일이다. 루소는 다만, 모두 자유롭게 태어난 인간이 왜 서로를 법으로 구속하고 소유권을 갈라 나누며 빈부 격차를 발생시키는지, 그 이유를 설명하기 위해 장대한 창세기를 한 편 써내렸을 뿐이다.

홉스의 '리바이어던(Leviathan)'에 맞서기 위해, 서로가 서로에게 늑대인, 타고나기를 사악한 인간들이 서로 죽고 죽이지 않게 하려고 만들어낸 거대한 괴물에 대항하고자, 루소는 자유롭게 태어난 자연 상태의 야만인들이 자발적으로 자신들의 자유를 모아 사회계약을 형성하는 과정을 그려냈다. '일반의지'는 그 과정에서 도입될 수밖에 없었던 개념적 소실점을 향한 연필선 같은 것이다.

따라서 그 일반의지를, "특수의지에서 상쇄되는 플러스와 마이너스를 제거하면 차이의 합이 남는" 것으로 묘사하는 것은 그냥 말 그대로 그렇다는 뜻으로 해석하는 게 옳다. 하지만 아즈마 히로키는 여기서 루소가 알지도 못했던 수학적 개념을 끌어와, "특수의지는 방향을 갖고 있다. 즉 벡터이다. 하지만 전체의지는 스칼라의 합에 불과하다. 루소가 말하고 싶었던 것

은 이것이 아닐까?"[29] 같은 질문을 던진다. "'차이의
합계'란 스칼라의 합이 아니라 벡터의 합을 의미한다
고 이해하면 루소의 문장은 전혀 애매모호하지도 신
비롭지도 않다"[30]지만, 아즈마 히로키야말로 수학적
개념을 동원해 오히려 루소를 신비화하고 있는 것처
럼 보인다.

                              8

모든 신비화는 대상을 제대로 설명하지 않는 데서 시
작하고 완성된다. "그러나 여기에서 중요한 것은, 설
혹 그 표현이 애매모호하고 감각적인 것에 불과했다
하더라도 루소가 일반의지를 수리적으로 산출 가능한
것이라고 믿고 있었다"[31]든가, 구글의 페이지랭크의
설명에 쓰이는 도표와 프로이트가 무의식을 설명할
때 사용한 도표를 함께 독자들에게 던져놓고는 "하지
만 프로이트가 백 년 전에 만든 무의식이라는 개념이
현대의 그래프 이론과 어떤 호응 관계에 있는지, 그리
고 이것이 정말 의미 있는 호응인지, 필자의 역량으로
는 이를 수학적으로 검증할 재간이 없다"[32]는 식으로
발을 빼는 모습을 볼 때, 우리는 『일반의지 2.0』이 결

---

29 히로키, 앞의 책, 47쪽.
30 같은 곳.
31 위의 책, 48쪽.
32 위의 책, 137~138쪽.

국 루소, 프로이트, 구글을 전부 신비화하고 있다는 의
혹을 품지 않을 수 없는 것이다.

시민들이 스스로 교육하고, 계몽하고, 의사소통
하여 합의에 도달하는 그 모든 과정을 아즈마 히로키
는 일종의 낭만적 허구로 바라본다. 적어도 일본에서
는 그런 일이 실현되기 어렵다고 믿고 있다. '일반의지
2.0'의 연재가 끝나기 전부터 그랬지만, 특히 후쿠시마
원전 사고가 발생한 후 추가된 내용을 살펴보면 더욱
그렇다. 그 사건이 터졌기 때문에 이제 일본에서 원전
을 더 건설하자는 식의 논의는 있기 어렵다는 주장을
펼 때, 아즈마 히로키가 드는 논거는 다음과 같다.

> 원전 기피 감정은 후쿠시마 원전 사고로 깊은
> 상처를 받은 일본인에게 불가피한 것이기 때문
> 에, 정치인은 설득을 포기하고 사고방식을 바꾸
> 어 이 제약 아래에서 무엇을 할 수 있을지 고민
> 하는 편이 낫다. 일반의지를 '물질'로 파악하면
> 이러한 전환이 보다 쉬워진다. 지금까지의 논의
> 를 구체화하면 이런 이야기이다.[33]

원전 기피 '감정'이라는 표현에 주목하자. 대중들이 원
전의 위험성을 절감함으로써 '알게 되었다'라고 말하

---

33 위의 책, 160쪽.

지 않는다. 대신 '기피 감정'이 생겼다고 그는 서술하
고 있다. 왜냐하면 그에게 있어서, 그가 말하는 바 '숙
의'는 판타지이기 때문이다. 대신 리얼리티를 채우는
것은 인터넷에 '스레'로 등장하는, 트윗과 리트윗으로
확인되는 '감정'들뿐이며, 그것은 위대한 구글과 기타
정보 기술을 제공하는 기업들에 의해 저장 매체에 담
기어 사물화되며 결국은 숫자로 환원된다.

개인들이 스스로 생각하고 판단하여 공적 의사
를 형성하는 고전적 민주주의 모델은 '낭만적 거짓'인
반면, 그들의 감정이 표출되는 것을 수집하여 사물로
삼아 견주어보는, 그가 주장하는 새로운 모델은 '통계
적 현실'을 반영하거나 어쩌면 통계적 현실 그 자체일
수도 있다. 아즈마 히로키가 루소, 프로이트, 구글 전
부를 '재해석'하면서 '일반의지의 수량화'에 집착하는
이유를 이제 우리는 너무도 명확하게 깨닫게 된다.

하지만 우리가 이미 충분히 살펴보았다시피,
'숫자'로 파악되는 일반의지는 공동체의 시시콜콜한
사안에 개입하는 그런 '빅 브라더'와는 거리가 멀다.
이미 사회 그 자체가 성립해 있고 작동하는 한, 일반의
지는 특수의지와 그것의 총합인 전체의지의 움직임에
가려 보이지 않는 것이 정상이다. 따라서 그 일반의지
의 무의식이라는 개념으로 나아가는 데에도 큰 무리
가 따른다. 일반의지는 우리의 정치 과정에 드러나지
도 개입하지도 않는다.

게다가 결정적으로, 구글 같은 일개 사기업이 과연 정부에서 주도하는 아날로그식 디지털 행사, 즉 보통선거보다 공정하게 국민들의 의식을 드러나게 해 준다는 보장이 어디 있단 말인가. 러시아에서 구글에 접속하면 몇몇 동성애 뉴스 사이트가 차단되어 있는 데, 그것은 러시아 국민들의 일반의지가 아니라, 구글 이라는 미국의 한 영리 기업이 결정한 것에 지나지 않 는다. 중국인들은 인터넷에서 '천안문'이라는 단어뿐 아니라 천안문 사태가 발발한 6월 4일을 직접적으로 검색할 수도 없다. 공안이 찾아오기 때문이다. 그래서 그들은 '5월 35일' 같은 은어를 사용하곤 한다.[34] 하지 만 아즈마 히로키가 제안하는 '민주주의' 속에서라면, 중국 인민들의 무의식에는 천안문이 존재하지도 않을 것이며, 5월은 31일이 아니라 35일에 끝날 테지만, 이 또한 '민주적'이라고 하지 않을 도리가 없다.

민주주의라는 거대하고 복잡한 정치 과정에 참 여하는, 스스로 생각하고 서로 의견을 조율할 줄 아는 개인. 그 '낭만적 거짓'에 빠지지 않기 위해, 아즈마 히 로키는 인터넷에서 댓글을 달고 니코니코 동영상을 보며 즉각적인 반응을 내뱉는 '인간 군집'을 상정했고, 그들을 사물화함으로써 '통계적 현실'에 도달할 수 있

---

34 위화, 『사람의 말은 빛보다 멀리 간다』, 김태성 옮김, 문학동네, 2013년, 서문 참조.

다고 보았다. 그것을 그는 새로운 민주주의의, 일본을
넘어 세계 보편적으로 통용될 수도 있는 모델로 제시
하고자 했다. 그것이 아즈마 히로키의 '꿈'이었다.

9

한국의 민주주의는 성공했기 때문에 위기에 빠졌다.
1987년 민주화 항쟁은 최대 다수의 참여를 이끌어내
기 위해 최소한의 합의점만을 주장하는 방법론을 만
들었고, 그리하여 대통령 직선제라는 최대 다수의 참
여가 가능한, 단 하나의, 최소한의 꼭짓점을 놓고 경쟁
하는 시스템을 만들어냈다. 양 김이 분열하여 노태우
에게 권력이 넘어가자, '분열로 인해 실패했다'는 충격
이 외상으로 남았고, 그것은 끝없이 되돌아와 '여론조
사를 통한 선거 후보 단일화'라는 정치 프로세스를 탄
생시키기에 이르렀다.

　　그것이야말로 아즈마 히로키가 꿈꾸는 그것에
가깝지 않은가. 선거 공보물을 읽고, 다른 유권자와 이
야기를 나누고, TV 토론을 보는 등의 민주주의적 방
법론은 온데간데없이, 전화통을 붙들고 기다리고 있
다가 지지하는 후보가 누군지 ARS 번호를 입력하면
그 입장이 숫자가 되고 사물이 되어 선거 후보를 결정
짓는다. 누가 대통령이 되느냐만큼 어느 방송의 출구
조사가 정확하냐를 놓고 유권자들이 흥미진진한 표정
으로 TV 채널을 돌린다. 그가 바라는 미래가, 완전하

지는 않지만 대충 여기 있다.

심지어 국가정보원은 인터넷 사이트를 돌아다니며 댓글을 달고 여론을 형성하고자 했다. 국정원의 목표가 '숙의'에 있지 않았음은 자명한 사실이다. '노운지'를 비웃는 사물들, '전땅크'를 좋아라 하는 숫자들을 만들어내는 것이, 우리의 정보기관이 지난 대선 기간 동안 하던 일이다. 한국에서는 국가기관이 '일반의지 2.0'을 만들어나가고 있었던 셈이다. 미래는 이미 도래하였으며 다만 널리 퍼지지 않았다는 표현은 안철수가 대선 후보 출마 선언문에 인용하면서 갑자기 턱없이 유명해졌다. 따지고 보면 안철수 스스로가 다른 그 어떤 정치 행위도 하지 않고 그저 여론조사 결과표에 찍혀 나온 숫자에 의해 대선 후보가 되었다는 점에서, '일반의지 2.0'의 현현과도 같은 존재였다.

노무현의 경우도 그랬다. 그가 대통령 재임 기간에도 '서프라이즈' 같은, 자신을 지지하는 성향의 웹사이트를 들락거리며 세상 물정을 파악하고 댓글도 달았다는 것은 이제 공공연히 알려진 사실이다. 국정원 게이트 과정에서 국정원에 의해 공개된 2007년 남북정상회담 녹취록에는 심지어, 두 국가 원수가 만나 '숙의'하는 그 과정에도, 노무현이 인터넷을 꾸준히 의식하고 있다는 사실을 드러내는 대목이 등장한다. 서해평화수역에 대해 한국 국민들의 반발이 있을지 여부를 묻는 김정일에게 노무현은 이렇게 대답하는 것이다. "없습니다. 서해 평화협력지대를 만든다는 데에서 아무도 없습니다. 반대를 하면 하루아침에 인터넷에서 반대하는 사람은 바보 되는 겁니다."[35]

아즈마 히로키는 자신의 새로운 민주주의론이 "정부 내에서 이루어지고 있는 모든 회의를 '니코니코 생방송'에 공개하라고 주장하는 것과 다를 바 없다"고 말하고 있으나, 노무현은 이미 2007년, 남북정상회담이 벌어지고 있는 와중에도, 그 회의를 자기 머릿속에서 인터넷으로 생중계하고 있었다. "니코니코 생방송에서는 시청자의 목소리가 일종의 억제력으로 기능하고 있"[36]는 것처럼, 노무현의 머릿속에서는 인터넷의 리플들이 그런 기능을 하고 있었을 뿐 아니라, 남들에게도 같은 억제력이 작용할 것이라고 생각한 게 아닌가 싶기도 하다.

아즈마 히로키는 민주주의의 본래적 기능과 작동, 특히 그것의 핵심이 되는 개인의 존재를 '낭만적 거짓'의 영역으로 슬쩍 밀어내버리고, 대신 '통계적 현실'을 끼워 넣어 새로운 민주주의를 만들고자 한다. 하지만 한국에서는 이미 '통계적 현실'이 '낭만적 거짓'

35 「2007 남북정상회담 회의록」, 국회 정보위원회, 2013년 6월 25일. 강조는 인용자. 다음 주소에서 그 내용을 확인할 수 있다.
http://news.khan.co.kr/kh_news/khan_art_view.html?artid=201306251409021
36 히로키, 앞의 책, 194쪽.

을 압도하고 있었다. 국민은 개새끼이지만 역사는 위대한 선택을 할 것이고, 따라서 대선 승리를 위해 여론조사 결과에 기반하여 대선 후보를 단일화해야 한다는 논리 구조는 오늘날 우리에게 전혀 낯설지 않다. 오히려 그런 과정이 없으면 유권자들이 직접 요구하고 나서기도 한다. 어서 우리를 '숫자'로 파악해서, 더 큰 숫자에 뭉쳐 넣어, 이기는 선거를 하라고.

　정치, 특히 선거의 과정을 통해 공공의 문제들이 의제화되고, 최선의 방향을 토론하고, 그것을 민주적 방법으로 선택하는 대신, 여론조사 및 당선 가능성 같은 통계적 언어들이 한국 정치의 전면을 지배하고 있다. 여당과 야당 모두 경제 민주화를 논하고, 복지가 확장되어야 한다고 주장하면서도, 서민들에게 세금을 높여서는 안 된다고 주장한다. 그렇게 말해야 숫자로 확인되는 대중들의 '일반의지'를 자기편으로 끌어올 수 있기 때문이다. 그렇게 '숙의'가 사라지고 있기에, 정치적 구상과 행위의 자리는 해외에서 수입된 맥락 없는 '모델'들이 차지하게 된다. 오늘도 지식인, 관료, 정치인들은 이런저런 '모델'들을 찾아, 동서남북 모든 유럽을 다 훑고 틈틈이 일본을 곁눈질하며 미국 언론을 수시로 체크한다.

　이 모든 상호파괴적 헛소동은 결국 민주주의의 근간이 될 개인의 몰락 내지는 미성숙으로 이어진다. 정치적 당위의 서사를 창출해내지도, 현대 문명의 기술적 요소들을 제대로 이해하고 적용하지도 못한 채, 다만 이 민주주의가 아닌 저 민주주의를 하면 조금 나을 거라는 막연한 기대를 품고, 동아시아의 식자층은 화전민처럼 불을 지르며 방황하고 있다. 동아시아에는 군사적 먹구름이 감돌고, 아베 신조는 731이라는 숫자가 쓰인 전투기에 오르는 사진을 찍는다. 대체 누구의 어떤 '일반의지'가 이런 방향을 향하고 있는지, 아즈마 히로키의 책에서는 명확한 답을 찾을 수 없다.

10

3·11 대지진으로 인해 '일반의지 2.0'의 꿈은 잠시 보류된 상태다. 일본인들이 충격과 상처를 받았기 때문에, 민주주의 같은 추상적이고 머나먼 이야기에 집중할 수가 없다고, "지금 이런 꿈을 말하면 불필요한 반발, 경멸, 실소를 불러일으키게 될까 두렵다"[37]는 것이 아즈마 히로키의 설명이다. 민주주의는 세계 보편의 것이지만 지진 피해는 일본만 당한 것이기 때문에, 일본이 지진으로 고통을 겪은 지금 민주주의를 이야기하는 것은 부적절하다는 투다.

　　대지진 및 후쿠시마 원전 사태에 충격을 받은 것은 아즈마 히로키만이 아니다. 미술가 무라카미 다카시는 다량의 방사능 재가 도쿄에 날아오지만 정부

37　위의 책, 196쪽.

가 그것을 감추기까지 하는 상황 속에서, "사회가 안정을 유지하기 위해서는 거짓말을 해야 하는 현실 속에서 아티스트라는 직업의 사람은 사람들의 위안이 되어야 한다고 생각"[38]했다. 미야자키 하야오는 스튜디오 지브리에서 펴내는 월간지 『열풍(熱風)』의 지면에서 전반적인 일본의 상황을 논하며, "그건 이제 그렇게 되어 있는 일이니까 어쩔 도리가 없"다며, 각자의 삶을 소소한 것들로 채워 힘껏 살아나가지 않으면 안 된다고 이야기한다. 평화헌법에 대해서는 "여태까지 이렇게나 거짓말을 해온 것이니까 앞으로도 계속 거짓말을 하는 편이 낫다"[39]며, 제2차 세계대전 당시 일본군의 전투기인 제로센을 설계하며 '당시를 힘껏 살아나간' 호리코시 지로를 주인공으로 삼은 신작 「바람이 분다(風立ちぬ)」(2013)를 내놓았다.

　　이 발언들의 공통점을 살펴보자. (물론 '숙의'가 아닌 '일반의지 2.0'에 기반하고 있지만 아무튼) 민주주의는 "꿈"이다. 아티스트의 작업, 즉 예술은 "사람

38　무라카미 다카시 인터뷰. 서정임, 「무라카미 다카시, "나는 결함투성이 인간이다"」, 『경향아티클』, 2013년 8월 6일. http://news.khan.co.kr/kh_news/khan_art_view.html?artid=201308061310222

39　미야자키 하야오, 「헌법을 개정한다는 것은 언어도단」, 『열풍』, 2013년 7월 18일. 한국어 번역문은 다음 참조. http://blog.cyworld.com/yanagikaze/4011431

들의 위안"인데, 따라서 그것은 스스로의 허구성에 대
해 좀 더 관대해질 수밖에 없다. 물론 스스로 '열심히
지키자'고 하고 있지만, 미야자키 하야오에게 있어서
평화헌법은 어쨌건 "거짓말"이다. 물론 그들 중 누군
가는 보다 단단하고 기본적인 '현실'을 지시하고자 하
지만, 기존의 가치, 믿음, 사실 등을 부정하거나 그와
눈을 마주치지 않으려고 한다는 혐의를 피할 수는 없
는 것으로 보인다.

　　　한 걸음 더 나아가, 지진으로 '피해'를 입은 일본
인들에게 위로가 필요하다는 생각이 비평가, 미술가,
애니메이션 감독 모두에게 공통적으로 발견되고 있
다. 정작 더 심각한 문제는 지진 및 쓰나미로 인한 자연
재해가 아니라, 이후 발생한 원자력발전소 붕괴를 제
대로 수습하지 못하고 있다는 것임에도 불구하고, '일
본인'이라는 범주가 등장하여 어디까지나 사태 해결
의 주체가 아닌 위로를 받아야 할 객체의 자리를 차지
한다. 지진 피해를 입은 우리에게 민주주의 같은 골치
아픈 서양의 질서를 강요하지 말라는 '감정' 앞에 아즈
마 히로키는 무력하게 무릎을 꿇었다. 혹은, 그 감정의
대변자 역할을 자임하고 나섰다.

　　　『일반의지 2.0』에서 그가 수호성인으로 삼았
던 루소의 생각은 전혀 다르다. 1755년, 유럽에서 가장
부유했을 뿐 아니라 가장 신앙심이 깊은 도시였던 리
스본에, 하필이면 '모든 성인들의 축일'이었던 11월 1

일 아침, 거대한 지진이 닥쳐왔다. "교리를 철저히 지
키기로 유명한 포르투갈에서 그날 가장 중요한 활동
은 당연히 신성한 미사"[40]였다. 그런데 미사가 시작되
자마자 첫 지진이 리스본을 강타했다. 두 번째, 세 번
째가 이어지자 "제단을 밝히던 촛불과 집집마다 타오
르던 수많은 난롯불이 걷잡을 수 없는 불길이 되어"[41]
버렸다. 또한 세 차례의 해일이 리스본 해안을 강타했
다. 결과적으로 "단 며칠 사이에 리스본 시민 25만 명
의 10퍼센트인 2만 5000명이 목숨을 잃었다."[42]

　　1755년의 리스본 시민들은 대단히 경건한 사람
들이었다. 그런 그들이 모든 성인들의 축일을 기념하
여 신성한 미사를 올리던 바로 그 순간, 왜 이런 끔찍한
재앙이 닥쳐온 것일까? 말하자면, "두터운 신앙심을
자부하던 리스본이 버림받은 것이다. 하느님은 더 이
상 리스본 시민들이 믿던 공정한 하느님이 아니었으
며 자연은 무자비하게 돌변했다."[43] 여기서 충격을 받
은 당대의 지성 볼테르는 '현재의 세계는 존재 가능한
세계 중 최선'이라는 라이프니츠의 낙관주의에 반기
를 들어올렸다. 그해 12월 초 「리스본 재앙에 대한 시

---

40 니콜라스 시라디, 『운명의 날』, 강경이 옮김, 에코의서재, 2009
　　년, 21쪽.
41 위의 책, 28쪽.
42 위의 책, 68쪽.
43 위의 책, 136쪽.

(Poème sur le Désastre de Lisbonne)」를 써서 지인
들에게 편지로 보내 발표했는데, 그 우편물의 수신인
중 한 사람이 바로 루소였다.

　　그런데 이 대재앙에 대한 루소의 생각은 좀 달
랐다. 신의 자비 따위를 운운하지 않았지만, 볼테르 식
의 휴머니즘적 눈물을 흘리지도 않았다. 그는 볼테르
에게 보낸 답장에서 "리스본 주민들이 그렇게 밀집
된 지역에 살지 않고 넓은 지역에 고루 퍼져 살았더라
면 지진 피해는 훨씬 덜하거나 거의 없었을 것"[44]이라
고 단언했다. "루소는 엄청난 수의 사망자가 생긴 것
이 모두 인간의 어리석음에서 기인했다고 말했다. 그
는 '옷가지를 챙겨 나오려다 혹은 서류나 돈을 들고 나
오려다 얼마나 많은 사람들이 지진으로 희생되었을까
요?'라고 물었다."[45]

　　1755년 리스본 대지진은 끔찍한 재앙이었다.
그것을 이해하고, 받아들이고, 극복하는 과정에서 당
시 사람들은 자비로운 신의 품에서 벗어나지 않을 수
없었다. "건전한 의심과 이성이 독단적인 종교 교리를
대신했으며 하느님의 섭리라는 이름으로 주입된 체념
적 삶은 인간이 자유롭게 개척하는 주체적 삶에 자리
를 내주었다."[46]

44　위의 책, 150쪽.
45　같은 곳.
46　위의 책, 136쪽.

반면 아즈마 히로키를 포함한 일본의 오피니언 리더들은 3·11 대지진과 후쿠시마 원자력발전소 사태 앞에서 한없이 무력한 모습만을 보였다. 인간의 힘으로 피할 수 있었고 피했어야 할 재앙이, 지금까지도 연이어 발생하고 있음에도 불구하고, 다른 일본인들과 함께 목청을 높이고 대안을 조직해 나가기보다는 그저 그들을 '위로'하고자 할 뿐이다. 심지어 그들에게는 평화헌법이라는 '거짓말'을, 스스로 참이라고 믿으며 주장할 만한 대범함도 없다. 그 누구도 민주주의의 광신도 노릇을 하지 않기에 민주주의 자체가 미쳐간다.

태평양에 방사능 오염 물질을 퍼붓는 동경전력을 그대로 방치하면서, 일본인들은 미야자키 하야오의 「바람이 분다」를 보러 갈 것이다. 당대 최고의 애니메이터들이 만들어낸 제로센의 모습을 보며, 어떤 시대건 힘껏 살아야 한다는 메시지에 눈물짓기도 할 것이다. 세상이 이렇게 점잖게 미쳐 돌아가서는 안 된다. 만약 그것이 '일반의지'라면, 그것을 극복하는 것이야말로 오늘의 과제일 수밖에 없다.

11

만약 아즈마 히로키가 어린 시절부터 지금까지 초지일관하게, 개별적인 전문가나 생활인들이 읽고 세상 돌아가는 모습을 파악하는 그런 글, "세상의 근간이 되는 뭔가"를 쓰고자 한다고 해보자. 그런데 어떻게 그는 동시에 "시민 한 사람 한 사람에게는 더 이상 어떠한 기대도 하지 않고, 오로지 그들의 욕망을 물질처럼 취급해, 숙의 또는 설계의 억제력으로 활용할 뿐"[47]인 민주주의를 제안할 수 있는가?

　　　그의 글을 읽고 '생각'하여 행동할 사람과 그의 글에서 말하는 '숫자', 혹은 '물질'이 될 사람이 다르다면, 아즈마 히로키의 주장은 엘리트주의적 통치론이 된다. 반면 그가 같은 사람들을 대상으로 그런 이야기를 하는 것이라면 그 주장은 '이봐 친구들, 우리 자유롭게 인간이 아닌 물질이 되어볼까?'라고 말하는 것과 크게 다르지 않다.

　　　전자가 됐건 후자가 됐건, 루소는 결코 동의하지 않을 것이다. 앞서 우리가 살펴보았듯이, '일반의지'라는 개념은 리바이어던, 즉 전제군주를 경유하지 않고 자유로운 '야만인'들이 어떻게 사회를 구성할 수 있는지 여부에 대한 하나의 대답이었다. 그리하여 그는 "자신의 자유를 포기하는 것은, 인간으로서의 자격과 인간이면 갖는 권리, 심지어는 자신의 의무까지도 포기하는 일"[48]이라고 단언하는 것이다. 자유인의 신분에서 벗어나 노예가 되고자 계약을 맺는 것은 루소에게 있을 수도 없는 일이다. "그러한 행위는, 그것을

47　히로키, 앞의 책, 200쪽. 강조는 원문.

48　루소, 앞의 책, 41쪽.

행하는 사람의 마음이 정상적인 상태가 아니라는 이
유 하나만으로도 부당하며 무효다. 한 나라 인민 전체
에 대해서도 그와 똑같이 말한다면, 그 인민을 제정신
이 아닌 인간들로 상정하는 일이다."[49]

　'고상한 야만인'이라는 신화를 가정하여, 낭만
적 허구에 기대어 루소는 자유와 민주주의를 이야기
했다. 그 루소를 읽은 아즈마 히로키는 반대로 미국 캘
리포니아에 본사를 둔 정보 기술 업체들을 우상화하
며, '야만인'의 자리에 '히키코모리'를 집어넣고, '통계
적 현실'을 곧장 정치화하는 꿈을 꾸었다. 지금 이 순
간에도 후쿠시마에서는 방사능에 오염된 지하수가 태
평양으로 흘러 들어가고 있고, 아베 신조 일본 총리는
원자력발전소 세일즈 순방 외교를 펼친다. 아즈마 히
로키는 국민들이 각자에 대해 인간으로서 그 어떤 기
대도 하지 않는 민주주의를 제안했지만, 실제로 그런
일이 벌어진다면 결과는 더욱 참담할 것이다.

12

루소에 대한 수많은 오해 중 특히 '고상한 야만인'의
신화는 지금까지도 살아남아 악명을 떨치고 있다. 비
단 정치철학이나 기타 인문학 분야를 넘어, 심리학자
인 스티븐 핑커는 『우리 본성의 선한 천사(*The Better*

49　위의 책, 40쪽.

Angels of Our Nature: Why Violence Has Declined)』
(2011)에서, 인류사 전체의 살인사건을 이렇게 저렇
게 통계적으로 수집한 후, 그 자료를 바탕으로 '고상한
야만인'의 신화를 분쇄하고자 하는 기획을 보여준다.
심지어 제2차 세계대전 등을 놓고 보더라도, 20세기의
현재는 인류 역사상 가장 평화로운 시기이며, 따라서
'고상한 야만인'의 신화는 성립할 수 없다는 것이 핑커
의 생각이다.[50]

　　물론 이것은, 앞서 우리가 살펴보았듯이, '고상
한 야만인'의 신화가 어떻게 작동하는지에 대해 올바
로 이해하지 않은 상태에서 만들어진 반론처럼 보인
다. 고상한 야만인은 현재 우리의 도덕적 판단 기준을
놓고 볼 때 '선한' 존재가 아니다. 단지 그들은 '선과 악
의 기준'이 탄생하기 전의 존재들이기 때문에, 악하다
고 판단될 수 없는 존재일 뿐이다. 사회를 구성한 집단
생활을 전제로 한 도덕과 윤리는, 사회계약 이전에는
존재할 수도 없고, 존재해야 할 필요도 없다. 그런데
그 사회계약 및 그것을 성립케 하는 일반의지는 우리
의 구체적인 삶 속에서 확인될 수 없는 것이다.

　　루소는 야만인들이 서로를 때려죽이지 않을 거
라고 믿을 만큼 천진난만한 사람이 아니었다. 국가 통

50　스티븐 핑커, 『우리 본성의 선한 천사』, 김명남 옮김, 사이언스
북스, 2014년.

치에 있어서 '현실적' 요소들을 도외시하는 그런 낭만
주의적 시각을 갖고 있지도 않았다. "인구 자체는 감
소해도 괜찮습니다. 일본의 적정인구는 3500만 명 정
도라고 생각합니다. 농업기술의 진보를 감안하면 조
금 더 부양할 수 있으리라 생각은 합니다만, 그래도
5000만 명은 무리라고 생각합니다. 그런데 지금은 인
구가 1억 명 이상 있으니까 애니메이션 같은 것이 성립
할 수 있었던 것입니다. 시장이 작아서야 산업이 성립
하지 못하니까요"[51] 같은 배부른 소리를 하는 미야자
키 하야오와 달리, 루소는 '현실'을 냉철한 눈으로 바
라본다.

　　나는 사람들이 너무도 간단한 한 특징을 무시하
　　거나 솔직하게 인정하지 않는 것에 항상 놀란
　　다. 정치적 결합의 목적은 무엇인가? 그것은 그
　　구성원의 생명의 보존과 번영이다. 그렇다면 구
　　성원들의 자기 보존과 번영에 대한 가장 확실한
　　특징은 무엇인가? 그것은 곧 구성원 수, 즉 인구
　　증가다. 그러니 그토록 이론(異論)이 분분한 그
　　특징을 다른 데 가서 찾지 마라. 그 밖의 모든 조
　　건이 같은 경우, 외국의 도움이나 귀화나 식민
　　등이 아닌 상태에서 시민이 더 많이 살고 더 느

51　하야오, 앞의 글.

는 정부는 확실히 최상의 정부다. 반면, 인민이
줄고 쇠퇴해가는 정부는 최악의 정부다. 통계학
자들이여, 이제 당신들의 일만 남았다. 세어서
산출하고 비교하라.[52]

사회계약은 우리의 삶에 직접적으로 영향을 주지도
드러나지도 않는다. 또한 어떻게든 인간 사회의 일부
로 살아가고 있는 한, 우리는 사회계약 그 자체를 거부
할 수가 없다. 하지만 자식을 낳아 이 사회에 편입시키
는 것을 거부함으로써, 자기 자녀들을 사회계약으로
부터 이탈시키는 선택을 하는 것은 가능하지 않은가?
그리고 그것이야말로 한국과 일본 등 급격하게 고령
화되고 있으며, 경제는 성장했지만 그 과실을 분배하
기 위한 민주적 과정은 개발되지 않은 국가에서, 다양
한 경제적, 사회적 요인이 작용한 끝에 발생하고 있는
현상이 아닐까? 일반의지에 편입되는 것을 거부하는
일반의지, 사회계약을 지속하지 않겠다는 사회계약이
지금의 출생률 및 인구 통계 그래프에 반영되고 있는
것은 아닌가?

    루소를 히키코모리들의 정치가로 읽는 것은 아
즈마 히로키의 해석의 자유에 속하는 일이다. 그가
『일반의지 2.0』을 쓰는 것 역시, 거창하게 해석하자면

해석할 수 있겠지만, 어찌 보면 사소한 일이기도 하다. 그러나 이미 눈앞에 제시되고 있는 '일반의지'를 못 본 척하면서, '일반의지 2.0'을 구축하기 위한 시도를 하는 것은, 어딘가 희극적인 인상을 남긴다. 그 희극적인 행동을 멀리서 보면 비극이 된다. 낭만적 거짓과 통계적 현실 사이에서 방황하는, 늘 초조해하는 아즈마 히로키의 모습이, 그의 책을 읽고 각기 다른 방식으로 반응하지만 이 시대에 대한 어떤 해답을 제시하지는 못하는 우리의 모습이 보이기 때문이다.

　　이것은 단지 일본에만 국한되는 일이 아니다. 우리는 낭만적 거짓을 갱신하고 그것을 다시 한 번 진심으로 믿음으로써 진실로 승화시켜야 한다. 통계적 현실을 엄밀하게 파악해 최소한의 희생과 노력으로 최대의 복리를 얻어내야만 한다. 그 모든 지적 작업이 이루어질 수 있는 토대를 젊은 아즈마 히로키는 "세상의 근간이 되는 뭔가"라고 말했다. 그것을 되찾지 못한다면, 앞으로 도래할 나날들은 더욱 어두울 수밖에 없다.

어제까지의,
오늘부터의

1

그는 자신이 나이 들어가고 있다는 사실을 인정했다.
물론 뉴기니의 험한 산악 지대를 오르내리면서 단련
된 체력은 어지간한 젊은이 부럽지 않다. 최근에는 새
책을 출간하기도 했다. 그럼에도 불구하고 그는 이제
자신이 노인이라는 것을 시인하지 않을 수 없었다.

　　"1964년, 즉 파푸아뉴기니가 오스트레일리아
의 통치를 받고 있던 때 그곳을 처음 방문"[1]했지만, 그
자신은 어디까지나 미국 동부에서 태어나고 자란 사
람이었다. 1937년 미국에서 태어나 1955년 하버드 대
학교에 입학한 재레드 다이아몬드는, 클로드 레비스
트로스가 세상을 떠났으므로, 살아 있는 인류학자들
가운데 가장 유명한 사람 중 하나다.

　　늙은 것은 그 혼자만이 아니었다. 물론 책에 명
시적인 서술이 등장하는 것은 아니다. 하지만『어제까

1　　재레드 다이아몬드,『어제까지의 세계』, 강주헌 옮김, 김영사,
2013년, 10쪽.

지의 세계(*The World Until Yesterday*)』(2012)는 자신이 속해 있는 바로 그 세계가 자신과 함께 늙었음을 새삼스레 깨닫고 조심스럽게 조언을 제시하는 노학자의 작품이다. 한때 열성적으로 문명의 성패에 있어서 사람이 아닌 환경의 중요성을 강조하던 그가, 그렇게 얻은 세계적 명성을 바탕으로 지구라는 작은 섬이 이스터 섬처럼 몰락하는 것을 막아야 한다고 외치던 그가, 이제 회고조로 자신의 삶과 그의 세상을 바라보고 있다.

2

재레드 다이아몬드의 책들은 모두 단순한 주제 의식을 풍부한 사례 및 폭넓은 경험적 연구로 뒷받침하는 것들이었다. 그에게 퓰리처상의 영광을 안겨준 대작 『총, 균, 쇠(*Guns, Germs, and Steel*)』(1997)를 돌이켜 보자. 인류 문명의 차이는 개별 인종의 차이가 아닌 환경에 의해 판가름 난다는 것이 그의 주장이었다.

　　그 내용은 제목 그대로이다. 서구 문명과 맞닥뜨릴 때 그들이 가진 총에 맞설 힘이 있었느냐, 쉽게 가축화할 수 있는 야생동물이 인근에 살아서 식량을 얻고 전염병에 진작부터 감염되어 면역을 획득할 수 있었느냐, 그 모든 문명 건설의 바탕이 되는 철에 대한 접근이 얼마나 용이했느냐 등등이, 각 인종의 차이보다 훨씬 중요한 변수로 고려되어야 한다는 것이다.

　　이것은 말하자면 '본성 대 양육' 논쟁을 문명 단
위로 확장시킨 것이기도 하다. 메소포타미아 지역에
서 인류 최초로 문명이 발생한 것은 그들이 유달리 종
교적이었고 태양이나 기타 등등 절대적인 자연을 신
으로 숭배하며 중앙집권적 체제에 대한 관념을 키운
덕분이 아니다. 그저 그들이 비옥한 초승달 유역에 살
았기 때문이다. 쉽게 농사를 지을 수 있고, 가축이 될
만한 짐승들도 존재하는 곳.

　　아메리카 원주민들은 유럽에서 온 이들의 총에
맞아 죽기도 했지만, 그보다 더 많은 이들의 목숨을 앗
아간 것은 이전까지 접해본 적 없었던 질병인 천연두
였다. 백인의 손길이 스쳐갈 때마다 미 대륙 원주민들
의 피부가 용암처럼 끓어올랐다. 대체 유럽인들은 이
가공할 생물학적 병기를 어떻게 얻었고, 면역까지 되
었을까?

　　그 옛날 어떤 발정한 목동이 소와 성관계를 하
면서 천연두가 인간의 질병이 되었을 가능성을, 그는
"최근에 가족 소유의 목장에 갔을 때 양들과 여러 차
례 성교를 가졌던 일을 아내에게 고백"[2]한 어떤 환자
의 사례를 들어 넌지시 제시한다. 우리에게 친숙한 다
른 전염병들 역시 마찬가지다. 인간은 가축에게, 가축

　2　재레드 다이아몬드, 『총, 균, 쇠』, 김진준 옮김, 문학사상사,
1998년, 285쪽.

은 인간에게, 서로 병을 옮겼다. 북아메리카 원주민들에게는 그런 질병이 없었다. 수천 년에 걸친 면역 체계 생성 과정을 그들은 불과 수십 년 만에 겪어야 했다.

인류의 구성원 중 그 어떤 이들의 지능이나 자질도 다른 이들에 비해 부족함이 없다는 것이 다이아몬드 교수의 주장이었다. 각 문명의 본성에는 문제가 없다. 관건은 그들이, 그야말로 전적인 우연의 소산으로 인해, 각자 다른 자원을 손에 넣은 채 지난 수천 년의 역사를 시작했다는 것이다. 신은 그들에게 동등한 자질을 주었지만, 같은 장난감을 선물하지는 않았다. 그리하여 모든 것이 달라졌다.

3

『문명의 붕괴(*Collapse*)』(2005)에서 그는 한 걸음 더 나아간다. '붕괴'를 "상당히 넓은 지역에서 오랜 시간 동안 일어난 인구 규모·정치·사회·경제 현상의 급격한 감소"[3]로 정의한 그는, "'오늘 우리가 정글에 감추어진 마야 도시들의 유적을 보듯이 미래의 관광객들이 뼈대만 앙상히 남은 뉴욕의 마천루를 지켜보는 것이 아닐까?'라는 불안감"[4]에 대해 이야기한다.

3 재레드 다이아몬드, 『문명의 붕괴』, 강주헌 옮김, 김영사, 2005년, 15쪽.
4 위의 책, 18쪽.

이미 언론을 통해 수없이 소개된 바 있는 이 책의 주제 역시, 전작과 마찬가지로 단순하게 요약할 수 있다. "지난 수십 년 동안 고고학자, 기후학자, 역사학자, 고생물학자, 화분(花粉)학자가 찾아낸 증거들은 이런 의도하지 않은 '생태 자살설(ecological suicide)', 즉 환경 파괴설을 뒷받침해준다."[5] 다시 말해 우리가 유적 등을 통해 확인할 수 있는 고대 문명들은 대체로 환경 파괴로 인해 붕괴했다는 것이다.

게다가 현대사회는 과거의 그것과는 비교할 수 없을 만큼 체계적이고 효율적인 방법을 동원하여 환경을 파괴한다. 운 좋게도 총, 균, 쇠를 모두 가지고 있었던 문명일수록 그 비율은 더욱 높다. 하여 "오늘날 우리가 당면한 환경 문제에는 과거 사회를 붕괴시킨 8가지 유형뿐만 아니라 네 가지가 새롭게 더해졌"는데, "인간으로 인해 야기된 기후 변화, 자연환경에 축적된 유해 화학물질, 에너지 부족, 그리고 지구의 광합성 역량을 극한까지 활용하려는 인간의 욕심"[6]이 바로 그것이다.

물론 그것이 문명들의 몰락을 설명할 수 있는 모든 이유로 제시될 수는 없다. 카르타고가 로마에 의해, 서로마가 게르만족에 의해 몰락한 것은 모두 적대

5   같은 곳.
6   위의 책, 25쪽.

적 외부 세력의 침략에 의한 것이지 환경 파괴로 인한
것이 아니니 말이다. 더군다나 다이아몬드 본인부터
가, 전작 『총, 균, 쇠』의 성공 이후 '환경 결정론자'라
는 비판을 질리도록 들어왔다. 그럼에도 불구하고 『문
명의 붕괴』를 처음 기획할 당시만 해도 "환경 파괴에
대한 경각심을 불러일으켜 주는 책이면 충분하다고
순진하게 생각했다"[7]는 그는, 바로 그렇기 때문에 다
른 지식인들과 차별화되는 시야의 스케일을 얻게 되
었다고 말할 수도 있을 것이다.

4

시대와 상황에 따라 지식인이 무엇이냐는 정의는 달
라질 수밖에 없지만, 그럼에도 불구하고 변하지 않는
한 가지 사실이 있다. 지식인은 현실에 대해 발언할
때, 무언가의 혹은 누군가의 대변인이 될 수밖에 없다
는 것이다. 함석헌과 우치무라 간조는 모두 어디까지
나 자국의 양심적인 기독교인들의 대변자였다. 비교
할 수 없을 만큼 명석한 두뇌를 가진 사람이었지만, 버
트런드 러셀이 전쟁 반대를 외칠 때, 그가 전쟁을 통해
비로소 대영제국의 일부로 편입될 수 있었던 노동자
들까지 대리할 수는 없었던 것이다.

　　공적 사안에 있어서 지식인은 자신의 개인적

7　같은 곳.

인 삶과 경험의 영역을 넘어서는 지점에 대해 말할 수밖에 없다. 누군가의 대변인이 되는 것은 당연한 일이다. 그런데 재레드 다이아몬드는 여기서 한 발 더 나아간다. 그가 대변하는 인간 집단이 너무 크기 때문이다. 『총, 균, 쇠』는 이른바 '선진국' 내지는 '개발된 국가'에 속하지 못하는 모든 지역의 거주자들을 위한 항변서다. 『문명의 붕괴』는 붕괴한 문명들뿐 아니라, 이대로 가다간 위기를 맞을 수밖에 없는 인류 전체를 대변하면서 동시에 그들의 각성을 촉구하는 책이다.

요컨대 그는 신, 깨달음을 통해 도달할 수 있는 피안, 기타 등등 초월적 범주를 제시하지 않는 선에서, 가장 많은 사람들을 대신해 가장 큰 규모의 이야기를 펼쳐놓은 그런 지식인 중 한 사람이 되었다. 왜 어떤 문명이 다른 문명을 압도하게 되는가? 왜 어떤 문명은 오늘날 흔적도 없이 몰락하였으며, 우리가 그런 운명을 되풀이하지 않으려면 어떻게 대처해야 하는가? 이 모든 질문들은 '문명'을 최소 단위로 삼는다. 민족국가를 넘어서 보편적인 노동계급의 해방을 이야기하던 시절 이후의 거대 서사라고 할 수 있겠다.

『총, 균, 쇠』와 마찬가지로, 한국어판을 기준으로 할 때, 참고 문헌과 옮긴이의 말 등을 제외하고 본문만 722쪽에 달하는 『문명의 붕괴』 또한 이렇듯 어떤 장엄한 느낌까지 선사한다. 생리학자로 시작해 인간이라는 생물을 관찰하고, 그 인간이라는 생물이 단순한 집단 포획자를 넘어 '문명'이라는 것을 만들 수 있게 해준 다른 생물들과의 복합적인 관계를 고찰함으로써, 재레드 다이아몬드는 대단히 휴머니즘적인 결말을 말하며 동시에 이상하게 비인간적인 시선의 높이를 확보하는 데 성공한다.

말하자면 이런 것이다. HIV가 원숭이에서 인간에게 감염된 경로를 추측하며 아프리카 원주민이 아닌 사람들이 그들을 향해 내던졌던 경멸어린 시선을, 우리는 다이아몬드의 논의를 통해, 천연두를 퍼뜨린 유라시아인들에게도 똑같이 던져볼 수 있다. 암소와 흘레붙고 수퇘지의 불알을 주물럭거렸기 때문에, 유라시아인들은 더 일찍부터 다양한 전염병에 감염되었고, 그 세균들의 힘으로 다른 인종들을 쉽게 죽여나갔다. '제3의 침팬지' 중 어떤 침팬지들은 운이 좀 더 좋았고 다른 침팬지들은 그렇지 않았다.

심지어 그는 일종의 뒤집힌 인종주의적 언사를 내놓기도 한다. 『총, 균, 쇠』의 한 대목을 인용해보자.

그와 같은 전통적인 뉴기니 사회에서는 지능이 낮은 사람들보다 높은 사람들이 그러한 높은 사망률의 각종 원인(살인, 만성적인 부족 전쟁, 각종 사고, 먹거리 조달 등)들을 무사히 피하기가 쉽다. 그러나 전통적 유럽 사회에서 유행병에 기반한 사망률은 지능과는 거의 관계가 없었고

그 대신 체내의 세부적인 화학 작용에 따르는
유전적 저항력이 중요했다. 예를 들자면 B형이
나 O형의 혈액형을 가진 사람들은 A형 혈액형
을 가진 사람들에 비하여 천연두에 대한 저항력
이 더 강하다. 다시 말해서 지능과 관련된 유전
자를 촉진시키는 자연선택의 과정은 뉴기니에
서 훨씬 더 가혹했던 반면 인구가 조밀하고 정
치적으로 복잡한 사회에서는 체내 화학 작용을
위한 자연선택의 과정이 뉴기니와 같은 곳보다
도 더 우세했다고 볼 수 있다.[8]

1930년대 미국에서 의사의 아들로 태어나 하버드 대
학교에 진학한, 주류 리버럴 지식인의 내면세계와는
무관한 일이다. 인류를 통째로 대상으로 삼고 있기 때
문에,『어제까지의 세계』이전의 책들이 전제하는 시
선은, '인간적'이지 않다. 자신을 짐짓 외계인 따위로
상정하는 그런 되바라진 미숙함이 아니라, 수십 년에
걸쳐 파푸아뉴기니에서 현장 조사를 진행해온 과학자
의 시선으로, 그는 일본의 에도 막부와 북유럽의 그린
란드를 거의 비슷하게 대상화하고 관찰한 후, 어딘가
에 있을 보편적 독자들을 향한 보고서를 작성하는 것
이다.

8   다이아몬드,『총, 균, 쇠』, 29쪽.

5

그것이 어제까지의 일이었다.『어제까지의 세계』이전의 재레드 다이아몬드는 그랬다는 뜻이다. 그는 70대가 되었다. 책을 통해 접할 수 있는 그의 정신은 아직도 명료하다. 그러나 사회적으로 엄연히 현역 대접을 받을 수 있는 60대와 달리, 아무리 정정해도 70대면 이제 스스로와 남을 속이고 노인이 아닌 척할 수는 없는 노릇이다. 인류와 문명을 걱정하면서도, 이제는 뼈가 부러지면 결코 쉽게 붙지 않는 자신의 몸을 함께 신경 쓰지 않을 수 없다.『어제까지의 세계』에서 인류를 바라보는 시선은『문명의 붕괴』에 드러나는 그것과 사뭇 다른 어조를 보여주는 것이다. 전자에서 그는 '인류여, 위기에 대응하라!'고 외쳤다. 10년 후 책의 결론은, 몸조심하고 살자는 것이다.

책의 출판에 맞춰『뉴욕타임스』에 기고한 칼럼인「매일의 샤워가 살인자일 수 있다(That Daily Shower Can Be a Killer)」에서 그는 70대에 접어든 노인이 할 법한 바로 그런 이야기를 한다.[9] 문명사회에 살고 있는 자신과 같은 고령층에게 가장 위험한 요소 중 하나는 욕실에서 샤워 중 미끄러지는 것인데, 자신

9   Jared Diamond, "That Daily Shower Can Be a Killer," *The New York Times*, January 28, 2013. http://www.nytimes.com/2013/01/29/science/jared-diamonds-guide-to-reducing-lifes-risks.html

이 매일 한 번씩 샤워를 한다고 가정하고 앞으로 15년
을 더 산다고 친다면 앞으로도 5475번 넘게 샤워를 하
게 된다는 것이 그의 말이다. 따라서 욕실에서 부상을
입거나 죽지 않으려면 그런 사고가 발생할 가능성을
5000분의 1 이하로 줄여야 한다. 정신 바짝 차려야 한
다는 소리다.

그것이 그가 50년 동안 뉴기니 섬 현지 조사로
부터 얻은 "가장 큰 하나의 교훈(the biggest single
lesson)"[10]이다. 물론 그것은 어디까지나 지금 이 순간
의 평가다. 파푸아뉴기니 사회를 30년, 혹은 40여 년
동안 관찰하고 있을 무렵의 '가장 큰 교훈'은 욕실에서
미끄러지지 않기 위해 조심하자는 것과는 거리가 있
었을 것이다. 적어도 어제까지의 재레드 다이아몬드
는 그렇지 않았다. 그는 다윈적 자연선택 이론을 서구
인과 파푸아뉴기니 사람들에게 똑같이 적용하여, 전
자가 후자보다 지능과 판단력 등의 개인적 측면에서
열등한 존재일 수도 있다는 그런 말을 하던 인류학자
였다. 비옥한 초승달 지대와 중국의 역사를 비교하며
"상황은 변하는 것이며 과거의 우위가 미래의 우위를
보장해주지는 않는다는 교훈"[11]을 전하던 사람이었다.

그러나 이제 그는 늙었다. 재레드 다이아몬드

10 같은 글.
11 다이아몬드, 『총, 균, 쇠』, 607쪽.

본인뿐 아니라, 그가 살아가는 서구 문명 자체가 늙어 버렸다. 『어제까지의 세계』를 차분히 넘겨보자. 새삼스레 전통 사회로부터 무언가를 배워야 한다는 주제를 설정함으로써, 폴리네시아의 원주민들이야말로 인류의 '어제'라고 단정 지음으로써, 재레드 다이아몬드는 그가 속한 서구-중산층-교양인 문명이야말로 급격하게 어제의 유물이 되어가고 있음을 애써 도외시하고 있는 것처럼 보인다.

6

이렇게 놓고 본다면 낙뢰, 방화, 질병, 감염 등이 발생하면 높은 확률로 목숨을 잃을 수밖에 없는 파푸아뉴기니 원주민들의 "건설적인 편집증"을 찬양하는 (물론 본인이 직접 말하지 않는, 말할 수 없는) 이유에 대해서도 어느 정도 상상의 나래를 펼쳐볼 수 있다.[12] 1년에 100번 넘게 야영을 하는 원주민들에게, 죽은 나무 밑에 텐트를 치지 않는 것은 생존과 건강을 위해 매우 중요한 일이다. 물론 그런 일이 자주 발생하지는 않지만, 잠들어 있는 사이 나무가 부러지거나 꺾이기라도 하면 큰 화를 입을 수밖에 없기 때문이다.

다이아몬드 교수는 노인이 샤워를 하는 것도 비슷하다고 생각한다. 앞서 인용한 칼럼의 내용이 바로

---

12 다이아몬드, 『어제까지의 세계』, 7장 참조.

이것이다. 일어날 가능성은 낮지만 자주 접하는 위험에 경각심을 가지는 것이 중요하다는 것. 본인 책의 판매를 높이기 위해 가장 '끌리는' 대목을 칼럼에 인용했다는 식으로 넘겨짚지는 않도록 하자. 그렇다면 그는 이 대목이 특히 중요하다고 생각했기 때문에 『뉴욕타임스』 지면에 그 내용을 실었을 것이다. 책의 표지에는 "문명사회는 전통 사회에서 무엇을 배울 것인가?"라는, 재레드 다이아몬드다운 문명 단위의 질문이 던져져 있다. 그러나 본문에서 가장 중요한 교훈은, 일상 속에서 부상을 야기할 수 있는 위험을 최소화하자는 것이다.

　　"문명사회"가 "전통 사회"로부터 배우는 지혜, 그 거창한 주제가, 이 책의 독자로 상정되어 있는, 제1세계에 사는 고령의 지식인들을 향한 'Take care of yourself'로 전도되어 있다. 교훈은 전통 사회로부터 나왔는데, 그것의 적용은 개인적이다. 문명 단위의 교훈을 뽑아내어 그것을 다시 고스란히 다른 문명에게 퍼붓던 재레드 다이아몬드의 웅장한 스케일을 그의 신작에서 찾아보기란 쉽지 않다.

　　이 책의 독자가, 즉 그의 말을 들어줄 서양 문명 자체가 노인으로 간주되고 있음을 우리는 특히 책의 6장, "노인의 대우"를 통해 적나라하게 확인할 수 있다. 고려장 설화는 우리 민족에게만 전해 내려오는 미풍양속이 아니었다. 어느 사회건 전통 사회는, 권력이나 재산을 가진 특수한 경우가 아닌 다음에야, 노인을 유기하거나 살해하는 식으로 스스로 인구 조절을 해나갔다. 생산력을 갖추지 못한 노인에게 무한정 식량 및 노동력을 투입하여 살려두는 것은 인류 역사상 극히 최근에 벌어지기 시작한 일이다.

　　탁월한 학자답게 재레드 다이아몬드는 전통 사회에서 숱하게 벌어진 노인 살해, 유기의 사례들을 되짚는다. 그는 특유의 비인간적 시선을 통해 이렇게 묻는다. "유목 사회에서, 더 정확히 말해서 무리 전체가 먹기에 충분한 식량이 없는 사회에서 노인을 처리할 수 있는 다른 방법이 있었을까?"[13] 물론 없다. 하지만 "다행히 우리는 식량이 넘치고 노인 의료 제도를 갖춘 사회에 살고 있어, 피해자나 가해자 혹은 자살을 돕는 사람으로 그런 시련을 감수하지 않아도 된다"[14]며 안도의 한숨을 내쉰다.

　　과연 그럴까? 그 스스로가 "이 책을 읽는 독자들 중에도, 병들어 건강을 상실한 노부모를 진료하는 의사에게 공격적인 의료 개입을 중단할 때가 됐다고 말해야 하는지, 아니면 통증을 억제하는 진통제와 진정제를 처방해서라도 목숨을 연명해달라고 말해야 하는지 결정해야 하는 순간을 맞아 유사한 시련을 이미

13　위의 책, 322쪽.
14　같은 곳.

경험하거나 앞으로 경험할 사람이 많을 것"[15]이라고
말하고 있다시피, 문자 그대로 늙어버렸고 더 늙어가
고 있는 '어제까지의 문명 세계'는, 더욱 늘어만 가는
노인들을 모두 감당할 능력이 없다.

　　그럼에도 불구하고 그는 당연한 결론을 애써 회
피한다. 하루가 다르게 기술이 발전하는 현대사회에
서, 새로운 것에 적응하는 능력이 부족한 노인의 가치
가 급락하는 것은 당연한 일이다. 하지만 그는 "장래
에 현재와 다른 상황이 벌어진다면, 현재의 젊은 성인
들은 개인적으로 그 상황에 대처할 만한 지식이 부족
할 수 있"[16]다며, "우리 시대의 노인들은 내가 렌넬 섬
에서 만난 80세의 노파, 즉 그 섬에 닥친 헝기 켕기[초
대형 사이클론으로 인한 대기근]를 유일하게 경험한
생존자와 비슷하다"[17]고, 이렇게 말할 수밖에 없어서
안타깝지만, 우기고 있을 뿐이다.

7

노인을 공경하는 사회, 아이들을 함께 돌보는 사회, 비
인격적인 법 집행의 맹점을 넘어서 가해자와 피해자
가 진정으로 화해할 수 있도록 도와주는 사회, 현대사

15　위의 책, 323쪽.
16　위의 책, 353쪽.
17　같은 곳.

회는 전통 사회를 참조함으로써 이러한 미덕을 얻을
수 있다고, 늙은 재레드 다이아몬드는 주장한다. 그것
이 '어제까지의 세계'가 지니고 있던 모습이다. "1950
년대에 유럽의 작은 마을에서 자란 내 친구들도 어린
시절이 뉴기니의 전통 마을 모습과 다르지 않았다고
말한다"[18]고 그는 전한다. "어제의 세계가 지워지고
오늘의 새로운 세계로 대체"된 것이 아니라, "어제의
대부분이 아직도 우리 곁에 남아 있다"[19]고 재레드 다
이아몬드는 힘주어 강조한다.

　　하지만 노인들이 '불필요'한 수준까지 오래 살
아남는 사회, 젊은이들이 내는 연금으로 생활하면서
문화생활을 즐기는 사회, 아이들이 성인이 되자마자
부모 곁을 떠나 독립된 삶을 꾸리는 사회, 공교육을 통
해 인류 역사상 그 어느 때보다 교육을 통한 계층 변동
을 노릴 수 있었던 사회, 피해자가 가해자로부터 추가
적인 보복을 당할 가능성이 가장 적었던 사회, 법 집행
자와의 개인적인 친분이 판결 및 행정 집행에 최소한
의 영향만을 미치는 사회, 즉 현대사회 역시, 서서히
어제의 것이 되어가고 있다. 어제의 세계가 지워지고
오늘의 새로운 세계로 대체되지는 않았지만, 오늘 또
한 어제로 저물어가고 있는 것이다.

18　위의 책, 19쪽.
19　위의 책, 20쪽.

자신과 비슷한 '문명인'들을 향해, 전통 사회의 구성원들처럼 몸조심하라는 재레드 다이아몬드의 조언은 그런 면에서 이중적인 뉘앙스를 남긴다. 그런 이들이 오래도록 '노인'의 역할을 해준다면 '어제까지의 세계'는 조금 더 오래 살아남을 수 있을지 모른다. 하지만 오늘의 세계가 전통 사회의 교훈을 학습하고 사회적 차원에서 적용한다면, 노인들은 욕실에서 자식들이 정성스럽게 설치해놓은 비누를 밟고 목숨을 잃게 될 것이다. 어제까지의 세계를 지키기 위해 또 다른 어제의 가치를 들먹일 수밖에 없는 지금, 오늘부터의 세계는 아직 그 전모를 드러내지 않고 있다.

1.5부
스테일메이트

탄탈로스의 신화

1

체스는 19세기 말에서 20세기 초까지, 이른바 '벨 에 포크(La belle époque)'와 함께 전성기를 맞이한 스포 츠다. 물론 지금도 그렇지만 당시에는 더욱 더, 체스를 스포츠로 인식한 사람이 많지 않았다. 두 사람이 승부 를 겨루는 특정한 규칙의 집합으로, 그 결과가 주사위 나 카드처럼 우연에 의존하지 않고, 재능과 노력에 따 라 실력이 달라진다는 점에서, 엄연히 스포츠로 간주 될 수 있음에도 불구하고 그래왔다는 것이다.

　　단지 '몸을 쓰지' 않는다는 이유로 체스가 스포 츠가 아니라면, 전적으로 인간의 육체에 의존하지 않 는 다른 스포츠의 경우 또한 문제시되어야 한다. 가령 F-1 같은 모터스포츠, 요트나 카누처럼 눈에 확연하 게 보이는 도구를 이용하는 경우도 그렇지만, 심지어 오늘날에는 수영이나 육상처럼 가장 원초적인 육체의 경연장마저도 첨단 과학의 경쟁터가 되어 있기도 하 다. 체스야말로 그런 면에서는 순수하다. 체스 선수는 일반적으로 자신이 둔 경기의 기보를 기록하기 위한

종이와 펜만을 지참한 채 경기에 임한다. 요즘 식으로
말하자면 '아이템 빨'이 끼어들 틈이 없는 몇 안 되는
스포츠라고 할 수 있다.

바로 그 체스의 전성기는, 앞서 말했듯 19세기
말부터 20세기 초까지였다. 당시는 제국주의의 전성
기이며, 자본주의의 (첫 번째, 아니면 두 번째?) 황금
기였기도 하고, 그 대립항 노릇을 하던 국제 공산주의
운동이 활발하게 전개되던 시기이기도 했다. 북미 대
륙을 거의 점령하고 남북전쟁을 거쳐 통일 국가를 이
룬 미국의 잠재력은 아직 눈뜨지 않았다. 전직 변호사
출신 혁명가 레닌이 귀국 열차를 탄 이후로도 러시아
는 계속 혼란의 늪에 빠져 있었다.

알렉산드르 알레힌, 호세 카파블랑카, 에마뉴엘
라스커 같은 전설적인 이름들은 모두 그 시대를 살았
던 사람들의 것이다. 제국주의 시대였고, 식민 지배 국
가들 사이에는 직접적인 전쟁이 벌어지지 않았다. 갓
태동하기 시작한 민족주의적 분위기를 스포츠가 흡수
하기 시작했다. 혹은, 낭만화된 중세의 기사도가 스포
츠 정신으로 탈바꿈했고, 그것이 다시 '올바른 전쟁'에
대한 현대적 관념에 영향을 주었다고 말해볼 수도 있
을 것이다. 각국 최고의 두뇌들은, 진짜 전쟁이 터지기
전까지, 수천 년 된 가상 전쟁 시뮬레이션 게임에 몰입
했다. 아직은 미사일도 발명되지 않았고, 그 미사일의
궤적을 계산하기 위한 컴퓨터가 등장하지도 않았던,

그런 시절이었다.

                    2

모든 스포츠는 제2차 세계대전 이후 냉전의 대리물이 되었다. 체스라고 해서 예외일 수는 없었다. 앞서 말했듯 이것은 수천 년째 계속되고 있는 워 게임인 것이다. 물론 어떤 나라에서 훌륭한 체스 선수가 나온다고 해서 그것이 그 나라가 보다 나은 전쟁 수행력을 가지고 있다는 뜻은 아니지만, 다른 종목에 비해 좀 더 기분 나빠할 여지가 많은 것 또한 사실이다. 체스는 두뇌 싸움이며, 결국 현대전은 해당 국가에 얼마나 풍부한 천연자원, 특히 화석연료가 확보되어 있는가와, 그 자원을 효율적으로 통제할 수 있는 두뇌가 존재하느냐에 따라 승패가 갈릴 것이기 때문이다.

　　문제는 여기서 미국이 소련을 도통 이기지 못하고 있었다는 것이다. 세계 최초의 인공위성, 유인 우주 탐사선 등을 소련에 빼앗기면서 구겨진 자존심은, 어쨌건 달에 사람을 착륙시키면서 회복되었다. 수소폭탄은 소련이 더 빨리 만들었지만 미국도 금세 핵무장을 강화했고, 북극해의 잠수함부터 서독의 전술핵까지 물 샐 틈 없는 핵 방어 태세를 갖추는 데 성공했다. 바로 그 핵전쟁의 이미지를 가장 잘 표상할 수 있는 스포츠를 딱 하나만 꼽자면, 1912년 이후로는 올림픽에서 권총 결투가 허용된 바 없는 관계로, 역시 체스다.

체스는 크게 세 단계로 진행된다. 수백 년 동안 연구되어온 행마법에 따라 각자의 기물을 전개시키고 서로 유리한 위치를 차지하기 위해 싸우는 오프닝(opening), 여러 개의 기물들이 서로 복잡하게 물고 물리는 가운데 최대한의 전략적 이점을 확보해야 하는 미들 게임(middle game), 그다지 많지 않은 기물들이 남은 상태에서 상대방의 킹을 제압하고 항복을 받아내는 엔드 게임(end game)이 그것이다.

이 전개 과정은 핵전쟁의 그것과 대단히 유사하다. 마치 체스의 오프닝처럼, 소련과 미국은 각자의 영토, 영해, 혹은 영향력이 닿는 범위 내에 최대한의 핵탄두를 비치해놓았다. 미들 게임 단계로 넘어가면 이쪽의 기물과 저쪽의 기물을 적절하게 맞바꾸는 과정이 필수적으로 요구된다. 핵전쟁 시나리오를 구상할 때, 아군의 발사대가 공격당하면 어느 곳을 향해 미사일을 날려야 할지 고민해야 하는 것을 연상해볼 수 있다. 서로 핵무기를 실컷 교환하고 나면 이제 정치인들이 나서서 협상을 하거나, 상대방의 항복을 얻어내야 한다. 체스도 그렇게 끝난다.

다시 한 번 강조하지만, 워 게임의 구성과 방식은 체스를 연상시킬 뿐이지, 체스를 잘 둔다고 해서 워 게임을 잘하거나 실제 전쟁에서 우위를 점할 것이라고 장담할 수는 없다. 하지만 미국 챔피언의 오프닝이 소련 챔피언의 그것에 훨씬 못 미치고, 미들 게임 과정에서 계속 손해를 보며, 결국 엔드 게임에 이르러 체크 메이트를 당하거나 그 전에 기권을 하게 된다는 것은, 미국인들의 입장에서 볼 때 여러모로 불쾌한 일이었다. 전 세계적으로 애호인들이 많고, 바둑이나 장기를 더 좋아하는 아시아권을 제외하고 나면 비교적 보편적으로 널리 수행되고 있음에도 불구하고, 체스는 올림픽 종목으로 지금까지도 채택되지 못했다. 적어도 냉전 시대의 미국인들에게는 그래야 할 이유가 없었다. 어차피 소련이 가져갈 가능성이 매우 높은 그런 금메달을 왜 또 하나 만들어야 하는가?

3

헝가리 태생의 수학자인 아르파드 엘로가 만든 엘로 레이팅 시스템에 따르면, 공식적인 토너먼트 경기에 나서는 모든 체스 선수는 레이팅(rating) 점수를 부여받는다. 만약 누군가 상대방과 똑같은 엘로 포인트를 가지고 있다면, 그가 상대방과 이기거나 질 가능성은 50퍼센트로 간주된다. 반면 한쪽의 점수가 낮고 다른 쪽은 높다면, 높은 점수를 가진 사람이 이길 가능성이 더 높을 것이다. 그러므로 낮은 점수를 가진 사람이 높은 점수를 가진 사람을 이겼을 때에는 그의 점수가 다른 경우에 비해 더 크게 상승해야 한다. 이런 과정을 반복하다 보면 한 선수의 기량이 비교적 객관적으로 파악될 수 있다는 것이 엘로의 구상이었다.

영화 「소셜 네트워크(*The Social Network*)」 (2010)를 본 사람이라면, 하버드에 재학 중이던 마크 저커버그가 페이스북 이전에 만든 웹사이트 '페이스 매치(Face match)'에 대해 기억할 수 있을 것이다. 여학생들의 얼굴 사진을 쭉 올려놓고 누가 더 예쁜지, 일대일 대결 방식으로 순위를 매기는 것 말이다. 그 과정에서도 엘로 레이팅 시스템이 알고리즘으로 차용되었다. 체스 실력뿐 아니라 외모에 있어서도, 복수의 상대방과 반복적으로 대결함으로써 그 결과를 수치화하는 데 아주 유용한 수학적 방법론인 셈이다. 최근의 온라인 게임인 '리그 오브 레전드(League Of Legends)' 역시 엘로 시스템을 차용하여 플레이어들의 점수를 매긴다.

1943년 3월 9일 태어난 소년의 이름은 보비 피셔였다. 그는 15세의 나이에 그랜드 마스터, 즉 체스 선수로서 받을 수 있는 가장 명예로운 호칭을 획득했다. 어떤 체스 선수가 그랜드 마스터로 불리려면 월드 챔피언이 되거나, 대단히 높은 엘로 레이팅 점수를 획득해야 한다. 설명이 길었지만 결국, 강한 상대와 맞서 많이 싸워 이겼다는 것을 숫자로 보여줘야 한다는 뜻이다. 보비 피셔는 바로 그것을 입증했다. 미국인들은 체스라는, 구대륙의 고리타분한 보드게임에 순간 이목을 집중하게 되었다. 이 소년이라면 소련 놈들의 코를 납작하게 해줄 수 있을 것 같았다.

1972년 7월 11일 시작된 그해의 세계 체스 챔피언십에서, 미국의 보비 피셔는 소련의 그랜드 마스터인 보리스 스파스키를 12승 8패 1무승부로 꺾고, 미국인으로서는 최초로 세계체스연맹에서 공인하는 세계 챔피언이 되었다. 그렇다. 드디어 체스에서도 소련을 이겼다. 보비 피셔는 온 미국인들의 영웅이 되었다. 미국의 어린이들부터 청소년, 성인에 이르기까지 체스 열풍이 불었다. 모든 미국인들이 새로운 세계 챔피언의 승리에 열광하고, 도취하고, 행복해했다. 단 한 사람, 보비 피셔 본인을 빼고.

보비 피셔는 '체스 신동', '수학 영재' 따위의 스테레오타입을 온몸으로 구현하고 있는 사람이었다. 특정한 패턴의 인식과 그것의 연산에 있어서는 초인적인 능력을 보여주지만, 그 외의 모든 영역, 특히 타인을 대하고 그들과의 관계를 원만하게 이끌어 나가면서 원하는 것을 얻어내는 능력은 사실상 전무했다. 이런 소년이었기에 최연소 그랜드 마스터가 되었고 제11대 세계 체스 챔피언의 자리에 미국인으로서는 최초로 오를 수 있었지만, 바로 그런 성격의 소유자로 성장한 탓에 그의 여생은 결코 순탄치 못했다.

1972년 얻은 챔피언 타이틀을 놓고 그는 방어전을 치뤄야 했지만, 세계체스연맹을 상대로 자신이 원하는 대국 방식을 강요하며 대결 자체를 회피하였고, 결국 협상은 결렬되고 말았다. 그리하여 자동적으로 제12대 세계 체스 챔피언의 자리에 오른 것은 소련의 아나톨리 카르포프였다. 훗날 그는 가리 카스파로프에게 챔피언의 자리를 내어준다. 카스파로프는 그 누구보다 오랜 시간 세계 챔피언 자리를 지켰지만, 그 많은 사람들을 이겼다는 것 때문이 아니라 어떤 컴퓨터에게 패배했다는 것 때문에 대중들에게 잘 알려지게 된 사람인데, 그 이야기는 좀 나중에 하기로 하고, 일단은 보비 피셔의 인생으로 돌아가보자.

　　보비 피셔는 사라졌다. 아예 실종된 것은 아니지만, 더 이상 그는 미국의 영웅이 아니었다. 체스 열기는 오래 가지 않았다. 미국인들은 이 복잡한 게임에 금세 흥미를 잃었다. 미국의 어린이들은 1980년대부터 일본에서 수입되기 시작한 닌텐도를 가지고 놀았다. 그때도 체스를 두고 있던 소련의 어린이들에게 없는 것이 바로 그것이었다. 보비 피셔는 잊을 만하면 신문의 스포츠난이 아닌 사회난에, 혹은 다른 나라에서 친 사고 때문에 국제난에 자그마하게 등장하는 인물이 되었다. 그는 점점, 속되게 말해 미쳐가는 것처럼 보였다. 반유대주의적, 반미적, 반이스라엘적 발언을 늘어놓고, 일본에서 체포당하고, 아일랜드에서 망명을 신청하기도 했다.

　　그런 그가, 자신이 세계 챔피언 타이틀을 빼앗아갔던 스파스키와 재격돌한 것은, 소련이 몰락하고 난 1992년의 일이었다. 이번에도 그는 10승 5패 15무의 결과로 승리를 거두었고, 자신이 세계 챔피언이라고 목청을 높였다. 하지만 이미 타이틀은 스파스키가 아닌 카스파로프에게 넘어간 상태였다. 세계 챔피언이 아닌 사람을 이겨놓고 본인이 그 타이틀을 가져갔다고 주장하고 있는 꼴이었지만, 보비 피셔는 자신의 타이틀이 대국의 패배로 인해 이전되지 않았다고, 다시 말해 본인이 원래부터 적법한 세계 챔피언일 뿐이라고 항변했다. 물론 그 말에 귀를 기울이는 사람은 아무도 없거나, 그리 많지 않았다. 보비 피셔가 스파스키를 다시 꺾었건 말건, 세계 체스 챔피언은 가리 카스파로프였으며, 스파스키와 카스파로프의 국적은 소련이 아닌 러시아였다.

4

설령 체스에 대해 전혀 관심이 없는 사람이라 하더라도 가리 카스파로프라는 이름은 어딘가 귀에 익숙하게 들릴 수 있다. 그는 역사상 가장 오래도록 세계 챔피언 자리를 지켰을 뿐 아니라 수많은 기록을 보유하고 있는 살아 있는 전설이다. 하지만 원통하게도 대중들은 그의 이름을, 그 수많은 승리 때문이 아니라, 단 한 번의 패배 때문에 기억하고 있다. IBM에서 만들어낸 체스 전용 컴퓨터인 딥 블루와의 1997년 재대결이 바로 그것이다.

　　체스는 흑과 백으로 나뉘어 진행되는데, 백이

먼저 둔다. 아군의 진영 중 앞줄에 위치한 폰, 장기로
치면 졸에 해당하는 말은 처음 움직일 때에 앞으로 두
칸을 갈 수도 있고, 한 칸을 갈 수도 있다. 폰의 수는 총
여덟 개이므로, 그로 인해 열여섯 개의 행마가 가능해
진다. 또한 다른 말을 뛰어넘을 수 있는 나이트가 두 개
있고, 그것들은 첫 수의 경우 각각 두 가지 방향을 택할
수 있으므로, 네 개의 행마가 더 생긴다. 따라서 첫 수
에서 백은 스무 개의 수 중 하나를 두게 된다.

　　　첫 수에서 흑과 백의 말이 서로 만날 가능성은
없으므로, 서로 한 수씩 두었을 경우, 체스판 위에 펼
쳐지는 경우의 수는 400개일 것이다. 이렇게 게임이
진행되다 보면 가능한 행마들의 수는 한도 끝도 없이
늘어난다. 그렇다면 과연 이 모든 경우의 수를 컴퓨터
를 이용해 따져보고 판단할 수 있지 않을까? 기술의 발
전 속도를 놓고 볼 때 결국 컴퓨터는 인간보다 더 체스
를 잘 두게 되지 않을까?

　　　미국인과 소련인의 대결에서 미국인들은, 보비
피셔라는 예외가 있긴 하지만, 대부분 졌다. 하지만 미
국인들은, 좀 더 정확히 말하자면 IBM은, 체스를 인간
의 기예가 아닌 계산 문제로 바꾸어 해결할 수 있다고
생각했다. 그 생각을 처음 한 것은 IBM의 직원들이 아
니었지만 최초로 가시적인 승리를 이끌어낸 것은 바
로 그들이었다. 그것도 가리 카스파로프, 사상 최강의
챔피언을 상대로.

지금의 기준에서 볼 때 딥 블루는 너무 크다. 스
탠드형 에어컨보다 큰 컴퓨터가 단지 체스를 두기 위
한 목적으로 설계되었는데, 이것은 당대의 기술을 총
집합한 것이기도 했다. 오늘날에는 어지간한 체스 프
로그램들이 거의 대부분의 인간을 손쉽게 제압할 수
있다. 랩톱뿐 아니라 스마트폰용 프로그램만 해도 그
렇다. 숨겨두고 있던 PDA나 기타 소형 전자기기로 자
신이 둬야 할 수가 무엇인지 계산했다가 적발된 체스
선수들의 명단은 한도 끝도 없다. 일부러 컴퓨터를 이
기기 위해 고안된 방식으로 게임을 하지 않는 한, 가장
높은 난이도의 체스 프로그램을 이기는 것은, 그랜드
마스터급의 선수에게도 쉽지 않은 도전이다.

　　오늘날의 상식은 그렇지만 1997년만 해도 그렇
지 않았다. IBM의 엔지니어들은 컴퓨터가 계산해내
는 다음 수를 신중하게 현실의 체스판 위로 옮겼고, 카
스파로프는 오래 고민하며 응수했다. 1996년 있었던
첫 시합에서는 카스파로프가 컴퓨터를 4승 2패로 이
겼다. IBM은 향상된 하드웨어와 개선된 알고리즘으
로 맞섰고, 결국 1997년 2차전은 3승 1무 2패로 딥 블
루의 승리가 되었다. 컴퓨터가 인간의 지능을 앞섰다
는 둥, 하지만 그 컴퓨터를 만든 것이 사람인 만큼 이것
은 휴머니즘의 한 차원 높은 승리라는 둥, 온갖 호들갑
스러운 해설이 따라붙었지만, 사실 대단한 일은 아니
었다. 딥 블루는 체스를 두기 위해 만들어진 컴퓨터였

을 뿐, 목성으로 향하는 탐사선에 내장된 HAL이 아니
었던 것이다.

　　가리 카스파로프도, IBM의 엔지니어들도, 그
경기를 지켜본 수많은 사람들도 그 사실만큼은 확실
히 알고 있었다. 미래가 오긴 왔지만 기대했던 그것은
아니었다. 컴퓨터는 급속도로 작아지면서 서로 연결
되었다. 무가베가 지배하는 짐바브웨부터 김씨 일가
의 북한까지, 이제는 전 세계에 민주주의를 표방하지
않는 나라가 없는 상황이다. 그러나 러시아 사람들은
점점 더 가난해져갔고, 위태로워지는 삶의 조건 속에
서, 오히려 구소련 시대를 그리워하기 시작했다. 그 시
대의 영광을 상징하는 인물 중 하나인 카스파로프는
정치인으로 떠오를 수밖에 없었다.

5

카스파로프는 푸틴을 향해 직접적으로 비판을 내놓
는 몇 안 되는 러시아 정치인 중 하나다. 과거의 명성,
그 과정에서 벌어들인 돈, 오랜 세월 유명인사로 살아
오며 쌓은 인맥 등이 그의 정치적 자산일 것이다. 그는
2005년 체스 선수에서 은퇴하고 글쓰기와 정치 활동
에 전념하고 있다. 물론 자신의 유명세를 유지하기 위
한 목적의 경기는 계속하고 있지만, 그의 엘로 레이팅
점수는 2851점에서 더 올라가고 있지 않다.

　　카스파로프가 쓰는 컴퓨터, 내가 현재 이 원고

를 작성하는 노트북, 그와 내가 하나씩은 가지고 있는 스마트폰 모두, 체스에 특화되지는 않았지만 전반적으로 볼 때 딥 블루보다 성능이 좋을 것이다. 하지만 지금의 나와 카스파로프는 모두 그것을 이용해 트위터에 접속한다. 그 트위터에서 카스파로프는 시리아에 미국이 개입해야 한다고, 이미 전쟁이 벌어지고 있는데 '전쟁 반대'의 목소리를 외치는 게 무슨 소용이냐고 일갈했다. 푸틴이 『뉴욕타임스』에 기고한 글에서, 화학무기는 시리아의 독재자 아사드가 아니라 아사드의 상대편에서 쓰고 있다는 억지 주장을 펼친 다음의 일이었다.

　　체스만을 놓고 보면 소련은, 그리고 러시아는, 미국을 상대로 줄곧 승리를 거둬왔다. 그런데 막상 냉전이 끝나고 나니, 모든 나라들은 민주주의 국가가 되었지만, 민주주의가 과연 승리를 거두었다고 말할 수는 없어 보인다. 두 번 대통령에 당선된 푸틴이 임기 한 차례를 쉬고 다시 대통령이 되는 것도 민주주의요, 그 푸틴이 동성애자들에 대한 탄압을 가속화하는 것 역시 민주주의의 이름으로 자행되고 있는 야만이다.

　　현실에서 벌어진 미국과 소련의 체스는 미국의 승리로 끝날 것 같았다. 하지만 21세기가 시작되고 난 후 약 10여 년의 판세는 체크메이트에 의한 승리가 아니라 스테일메이트(stalemate)로 인한 무승부로 귀착되고 있는 것처럼 보였다. 미국이, 자본주의가, 민주주의가, 보편적 가치가 너무도 많은 영역을 지배해버린 탓에, 그 밖의 무언가가 설 자리를 잃어버렸지만, 정작 그로부터 제대로 항복을 얻어내고 게임을 끝내지는 못한 것이다.

6

체스는 상대방의 왕을 '죽이는' 경기가 아니다. 다른 기물처럼 킹을 '잡을' 수가 없다. 체스의 승리 조건은 상대방의 항복이다. 킹을 공격했을 때, 상대방은 자신이 움직일 수 있는 턴에서 무슨 수를 쓰더라도 킹에 대한 공격을 피해야 한다. 그럴 수 없다면 항복해야 한다. 설령 자신의 왕이 공격당하고 있는 상황이 아니어도 항복할 수 있다. 전자의 경우가 바로 체크메이트에 의한 승리이며, 후자는 기권에 해당한다. 두 경우 모두, 왕은 죽지 않았다. 다만 항복했을 뿐이다.

바로 이것이 스테일메이트라는, 다른 문화권의 유사한 게임에서는 찾아보기 힘든 규칙을 낳게 한다. 체스는 한 수 물러주기, 한 수 건너뛰기 등을 허용하지 않는다. 나는 내 차례가 오면 무조건 어떤 수를 둬야만 한다. 그런데 만약, 상대방이 나에게 그 어떤 적법한 이동도 허락하지 않지만, 그렇다고 해서 지금 내가 체크메이트된 상황도 아닌 경우에는 어떨까? 즉 상대방이 나의 킹에게, 말하자면 자살을 강요하고 있다면, 나는 스스로 내 킹을 위험에 빠뜨려야만 하는 것일까?

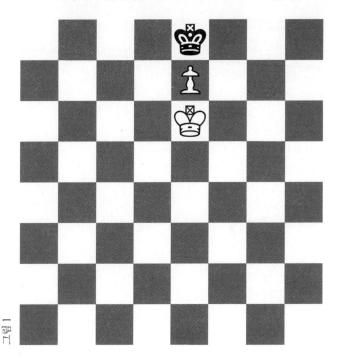

그림 1

그림 1을 살펴보자. 여기서 흑의 킹은 직접 공격을 당하고 있지 않지만, 동시에 그 어느 곳으로도 움직일 수 없다. 백의 폰이 공격하는 곳은 흑의 킹의 왼쪽과 오른쪽이며, 백의 킹은 흑의 킹과 마주보고 있는 세 칸을 자신의 공격 범위로 삼고 있기 때문이다. 따라서 흑은 자신의 킹을 스스로 위험지역에 몰아넣지 않는 한 아무것도 할 수가 없는데, 체스에서 킹은 공격당하는 즉시 그 위험에서 벗어나야만 한다. 즉 흑은 하지 말아야 하는 행동을 해야 하는 것이다.

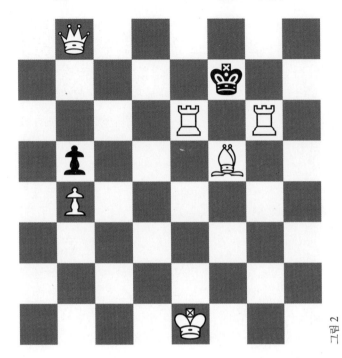

그림 2

이런 상황이 벌어지면, 명백히 흑이 불리한 입
장이지만, 하지 말아야 할 행동을 하게 만든 백에게 더
큰 책임이 있는 것으로 간주된다. 체스는 어디까지나
신사들의 두뇌 싸움이기 때문이다. 상대방을 항복할
수도 없고 항복하지 않을 수도 없는 모순된 처지로 몰
아넣는 것은, 정당하지 못한 일로 취급된다. 그에 대한
패널티는, 다 이긴 싸움을, 무승부로 빼앗기는 것이다.
　　실력이 비슷한 두 사람이 체스를 둘 경우 스테
일메이트는 거의 발생하지 않는다. 실력 차이가 큰 두

사람이 체스를 둘 경우에도 마찬가지다. 다시 말해, 현실 속 토너먼트 상황에서는 스테일메이트를 보는 일이 사실상 거의 불가능하다. 반면, 컴퓨터를 상대로 초보자가 체스를 두다 보면 심심찮게 스테일메이트를 겪게 된다. 인공지능의 난이도를 한껏 낮춰놓은 후, 본인이 하고 싶은 대로 하면서 상대방을 '농락'하다 보면, 내가 너무도 유리해진 나머지 결국 비기게 되는 역설과 마주하게 되는 것이다. 가령 그림 2와 같은 상황이 그렇다.

　　흑의 폰은 위에서 아래로 내려온다. 폰은 직진만 할 수 있고, 공격은 전방을 향한 양쪽 대각선으로만 가능하다. 따라서 흑과 백의 폰이 서로 머리를 맞대면, 외부의 힘이 개입하지 않는 한, 그 상태에서 서로 움직일 수 없게 된다. 흑의 킹은 두 개의 룩, 하나의 비숍, 하나의 퀸에 둘러싸여 있지만, 킹이 서 있는 곳이 직접 공격받고 있는 상황은 아니다. 다시 말해, 흑은, 적법하게 둘 수 있는 수를 단 하나도 갖고 있지 못하다.

　　지금이 백의 차례라면 백은 내키는 대로 적당히 체크메이트를 향해 움직이면 된다. 하지만 지금이 흑의 차례라면 문제가 심각해진다. 체스를 전혀 모르는 사람이 봐도, 너무도 백이 유리해 보이는 상황이지만, 백은 이기지 못했다. 비겼다. 흑의 세력을 압도하지 못해서가 아니라, 너무도 흑에 대해 우세한 전력을 가지고도, 흑의 항복을 받아내지 못했기 때문이다.

7

스테일메이트라는, 너무도 합리적이기에 일견 불합리
해 보이는 규칙은, 체스가 두 '인간'이 아닌 두 '시스템'
의 경쟁이라는 것을 여실히 보여준다. 합법적인 행마
법에 따라 기물을 움직여야 하는 두 플레이어가 있다.
그러므로 그 플레이어는 인공지능으로 교체될 수도
있는 것이다. 또한 그렇기에, '시스템'으로서의 상대방
을 망가뜨리는 짓을 하면, 유리한 국면을 점한 플레이
어는 그 경기를 이기지 못하고 비기게 됨으로써 벌을
받는다.

　　　이러한 사고방식은 결코 보편적인 것이 아니다.
가령 소년 탐정 김전일의 범인들 중 적지 않은 이들은
이럴 수도 없고 저럴 수도 없는 궁지에 몰리면 둥글게
모인 관계자들 앞에서 자신의 범행을 낱낱이 털어놓
고는 창밖으로 뛰어내리거나 청산가리 캡슐을 깨무는
등 다양한 방식으로 그 국면을 '해소'해버린다. 정의의
세력은 자신의 손에 피를 묻히지 않고 악을 제거한다.
정확히 말하면, 악은 정의의 손에 죽지 않고, 스스로를
지워버림으로써 나머지 사람들에게 '정상성'을 돌려
준다. 자신이 꾸민 음모가 제대로 작동하지 않아서 궁
지에 몰린 해리는, 「제3의 사나이(*The Third Man*)」
(1949)에서, 그 음모의 실체에 도달한 친구 홀리에게
자신을 죽여달라고 부탁한다. 스테일메이트에 빠진
킹이 자살하는 것은, 창작물과 현실에서 공히, 자주 벌

어지는 일이라는 뜻이다.

　　소련도 그렇게 무너졌다. 미국이 소련을 점령한 것이 아니다. 미국이 쌓아둔 퀸과 룩과 비숍과 나이트와 폰에 둘러싸인 소련이, 그 어떤 수도 둘 수 없게 되자, '시스템'으로서의 스스로를 포기해버린 것이다. 알카에다에게 뺨을 맞고 이라크에서 화풀이를 했던 미국의 2차 이라크 전쟁의 경과도 따지고 보면 그런 식이었다. 미국은 사담 후세인의 모든 기물을 빼앗은 후 킹만 남겨두었다. 결국 사담을 처형시킨 것은, 공식적으로는 이라크 국민들의 의지를 대변하는, 임시정부였다. 21세기 벽두의 스테일메이트는 그렇게 끝났다. 미국은 후세인의 군대를 때려 부술 때보다 훨씬 더 많은 손실을 감당하며 부질없는 비기기 전략에 몇 년 동안 피를 흘려야 했다.

　　구소련의 붕괴부터, 2014년 ISIS가 미국인 기자 제임스 폴리를 참수하는 영상을 공개하여 ISIS를 토벌하기 위한 국제적 공조가 시작되는 시점까지, 역사의 체스판은 바로 그렇게 멈춰 있었다. 모든 국가가 민주주의 국가로 돌변했고, 자유와 민주주의와 평화의 깃발은 어디에나 나부꼈으며, 그 누구도 표면적으로는 그 당위에 대해 부정하거나 반발하지 않았지만, 최후의 궁지에 몰리더라도 킹들은 적법하게 항복하지 않았다. 그들은 자살함으로써 제2차 세계대전 이후 펼쳐진 '거대한 체스판'의 규칙을 형해화했다. 카다피가

죽고 후세인의 동상이 쓰러졌지만, 그 자리에서 미국
과 서방세계의 '민주주의'가 승리를 거둔 것은 결코 아
니라는 뜻이다.

8

체스는 시스템과 시스템의 투쟁이다. 그 시스템은 철
저히 이성적인 판단과 계산에 의해 작동한다. 체스판
위에는 우연이 없다. 체스를 두는 두 명의 플레이어는,
특히 둘 다 인간일 경우, 상대방에 대해 감정을 느낄 수
도 있다. 하지만 체스판의 기물은 우리가 아무리 불합
리한 명령을 내린다 해도 슬퍼하거나 노여워하거나
반항하지 않는다. 이쪽과 저쪽 모두 어떤 룰을 공유하
며, 승리와 패배는 피아가 공유하는 규칙에 의해 판가
름된다. 대단히 불합리한 말처럼 들릴 수도 있지만, 이
갈등과 적대는, 합리적이다.

　　국제 정치를, 또한 그로부터 영향 받는 전 지구
적 정치, 사회적 변화를, 체스판의 은유로 이해할 수
있었던 시절은 이제 막을 내린 것처럼 보인다. 알카에
다 요원들이 미국에서 배운 항공 기술로 미국 자본주
의의 상징인 국제무역센터와, 미국 군사력의 핵심인
펜타곤을 들이받은 2001년 9월 11일부터, 미국은 자
신들이 맞서 싸워야 할 대상이, 지금까지 알아온 그 어
떤 '시스템'도 아닐 수 있다는 사실을 어렴풋이 짐작하
기 시작했다. 아군의 폰이 아군의 퀸을 공격하는 이런

일은 지금까지의 체스에서는 벌어질 수가 없었던 것
이다.

　　이제는 그 변화가 더할 나위 없이 뚜렷하다. 인
터넷으로 이슬람 교리를 배운, 서구권에서 태어나고
자란 이민자 2세들이, 성전에 참여하기 위해 시리아
및 기타 국가로 향하는 비행기에 오른다. 마이클 제하
프비보라는 32세의 남성은 캐나다 국적을 가지고 있
었다. 그는 이슬람교로 개종한 사람이었는데, ISIS에
참여하기 위해 여권을 신청하였지만 그 의도를 간파
한 당국에 의해 여권이 발급되지 않자 불만을 품고 캐
나다의 수도 오타와의 국회의사당 맞은편 국립전쟁기
념관에서 총기를 난사하다가 경찰의 총격을 받고 사
살되었다. 2014년 10월 22일의 일이었다. 제임스 폴리
의 목을 자른 것은, 영국 국적을 지닌, 일명 '존'이라 불
리는 24세의 래퍼 압델마제드 압델 배리. 영국에서 교
육을 받은 중산층의 일원이었다.

　　이러한 싸움을 통해 미국과 서구 세계의 시스
템도 변화를 겪고 있다. 자국민을 보호하기 위해 자국
민을 감시해야 한다는 논리가 그다지 이상하게 들리
지 않는 세상이 도래했기 때문이다. 2008년 경제위기
이후의 대불황 시대를 살아가는 사람들은 자신의 위
치 정보, 얼굴, 인간관계, 때로는 성생활까지 거의 모
든 정보를 자기 손으로 인터넷에 공개한다. 그것보다
더 많은 정보를 NSA는 이미 알고 있는데, 그래서인지

'내 사생활을 그들이 알고 있다니!'라는 식의 호들갑을 떠는 것도 왠지 어색한 일처럼 느껴지기까지 한다. 버지니아 울프가 『자기만의 방(*A Room of One's Own*)』(1929)을 출간한 지 100년도 채 지나지 않은 지금, 우리는 기껏해야 자기만의 '방'에서, 프라이버시라고 간신히 불러줄 수 있을 만한 것들마저 '공유'해버리는, 가난의 시대에 돌입해 있는 것이다.

그 가난의 시대는 시스템끼리의 전쟁이 아닌, 각기 다른 방식으로 오작동하는 시스템 속에서, 소외된 자들이 무언가에 감염되어 서로 죽고 죽이는 식으로 폭력을 행사한다. 그것은 극단적인 이슬람 성전주의일 수도 있고, 여성 혐오를 이면에 깔고 있는 극우 담론일 수도 있으며, '지역감정'이라는 허울을 뒤집어 쓴 사실상의 인종주의일 수도 있을 것이다. 뭐가 됐건, 그런 생각들이 랜 선을 타고 돌아다니는 오늘날, 『뉴욕 타임스』 칼럼니스트 토머스 프리드먼의 말처럼 "여자의 손도 직장도 잡아본 적 없는 소외당하고 모욕감을 느끼는 젊은 남자들"[1]이 각자의 성전에 임하고 있다.

---

1   Thomas Friedman, "ISIS Heads to Rome," *The New York Times*, February 25, 2015. www.nytimes.com/2015/02/25/opinion/thomas-friedman-isis-heads-to-rome.html

9

보비 피셔는 2008년 아이슬란드에서 숨을 거두었다. 그의 죽음은 그가 거둔 짧은 영광보다, 그 후에 이어졌던 기나긴 스캔들의 연속선상에 놓이는 것이었다. 그의 조국 미국이 유고슬라비아에 대해 경제 제재 조치를 취하고 있을 때, 보비 피셔는 그 나라로부터 300만 달러 이상의 상금을 받았다. 그 죄목으로 수배되었을 때 보비 피셔는 입국을 거부했고, 일본에 도피해 있다가, 아이슬란드로 옮겼다. 아이슬란드 정부가 그에게 시민권을 줬기 때문이었다. 미국의, 아마도 거의 유일한 체스 영웅은, 이렇게 아이슬란드 국적이 되었다.

2008년 1월에 사망하였으므로, 2008년 말부터 그의 새로운 조국이 국제 금융 위기에 휩쓸려 거의 부도날 뻔하다가 간신히 살아나는 모습을, 보비 피셔는 볼 수 없었다. 20세기의 관성으로 버텨오던 세계가 결정타를 맞은 것이 바로 그때부터였다. 서방세계가 자국의 경제를 구하기 위해 헐떡이는 동안, 중국과 러시아는 민주주의를 '다양화'하기 시작했다. 러시아식 민주주의, 이슬람식 민주주의는 동성애자들이 사회적으로 제 목소리를 내는 것을 문화와 전통적 가치의 이름으로 찍어 누른다. 중국식 민주주의는 인민의 뜻에 따라 움직이지만 최종 결정권은 늘 베이징이 갖는 민주주의다. 미국의 군사 개입으로 쓸려나간 중동의 체스판 위에는 새로운 킹이 서지 못하고 있다.

일상의 영역, 미시적인 세계로 내려와 보면 사
정은 더욱 심각하거나 한심하다. 모든 지식이 공개된
세상이기에 그 누구도 지적으로 성장하지 않는다. 오
직 컴퓨터만을 상대로, 가장 낮은 수준의 인공지능을
설정한 후, 상대방을 농락하다가 스테일메이트로 무
승부를 잔뜩 쌓는 그런 모습과 크게 다르지 않다. 위키
피디아를 지식으로, 나무위키를 상식으로 삼고 있는
사람들이, 네이버 지식인 검색 결과를 놓고 '저런 걸
믿냐'며 손가락질하는 세상이다. 파편화된 정보들이
너무도 큰 수적 우세를 점하고 있는 탓에, 무지와의 투
쟁에서, 인류는 체크메이트에 의한 승리가 아닌 스테
일메이트에 의한 무승부만을 거두고 있는 것이다. 계
몽의 시대는 끝나지 않았지만 이제는 그 누구도 계몽
될 수 없는 것 같다.

푸틴을 향한 카스파로프의 싸움이 여전히 지난
해 보이는 것은 그래서일 것이다. 지금 여기서 살아가
는 우리 또한 우리들이 처한 싸움의 승산을 결코 낙관
할 수 없다. 있는 그대로 말하자면, 비관적이다. 다만
우리는, 이제야 지난 세기의 관성으로 유지되어온 것
들이, 멈춰버리고 있음을 목격하고 있다. 스테일메이
트의 시대, 짧았던 비-폭력적 비-전쟁의 시대가, 막을
내리고 있는 것이다. 이렇게 우리는 진정한 21세기에
접어들었다.

2부
돌파구

탄탈로스의 신화

진리와 동굴

본바닥 사람들로는 방금 말한 이 아폴로도로스, 크리토불로스와 그의 아버지, 또 헤르모게네스와 에피게네스, 아이스키네스, 그리고 안티스테네스가 거기에 있었습니다. 또한 크테시포스와 메넥세노스 그리고 그 밖의 몇몇 본바닥 사람들도 있었고요. 하지만 플라톤은 병이 났던 걸로 저는 생각합니다.[1]

1

플라톤의 글쓰기는 유별났다. 재판을 받고 사형선고를 당해 독미나리 즙을 마시고 죽은 자신의 스승을 주인공으로 삼아, 자기와 함께 스승의 곁을 따라다니던 제자들을 보조 등장인물로 만들어, 플라톤은 대화록을 써 나갔다.

1　플라톤, 「파이돈」 59b, 『에우티프론, 소크라테스의 변론, 크리톤, 파이돈 – 플라톤의 네 대화 편』, 박종현 역주, 서광사, 2003년, 271쪽.

이 방대한 문헌 중 플라톤 자신의 이름이 등장
하는 곳은 오직 세 군데뿐이다. 「소크라테스의 변론
(Apologia Sokratous)」의 34a와 38b 페이지, 그리
고 위에서 인용된 「파이돈(Phaidon)」의 59b 페이지.
「소크라테스의 변론」에서 플라톤은 소크라테스가 사
형선고를 받는 재판 현장에 참석한, 소크라테스의 친
지 중 일원으로 호명된다. 몇 페이지 더 뒤로 가보면,
부잣집 아들이었던 플라톤은 소크라테스에게 거액이
었던 30므나를 벌금으로 내라고 제의하며, 그 액수의
지급을 자신과 몇몇 친구들이 보증하겠다고 나섰다.
플라톤이 재창작한 소크라테스가 아테네의 배심원들
에게 그렇게 말하고 있다는 것이다.

물심양면 스승을 구명하기 위해 나섰던 플라톤
이었지만 정작 소크라테스가 독배를 마시던 그날에
는 그 자리에 없었다. 「파이돈」의 화자인 파이돈의 입
을 빌어, '병이 났던 걸로 생각'한다고 전해줄 뿐이다.
직장에는 아프다고 병가를 내놓고 애인과 데이트하며
인스타그램에 음식 사진을 올렸다가 적발당하기도 하
는 그런 시대가 아니었으므로, 당시의 플라톤이 정말
아팠는지, 무엇 때문에 왜 스승이 세상을 떠나는 그 순
간에 동참하지 못했는지, 우리로서는 정확한 이유를
알 수 없다.

복통으로 인해 그 자리에 참석하지 못했던 청
년 플라톤이, 훗날 「메논(Menon)」의 모델이 되는 영

리하고 아름다운 노예와의 동성애 관계를 통해 지난
날의 상처를 극복하고, 스승의 이야기를 '2차 창작'하
면서 평생의 회한을 극복해 나간다는 이야기를 누군
가는 상상할 법했다. 『플라톤은 아팠다(*Platon e'tait
malade*)』가 바로 그런 내용을 담고 있는 소설[2]인데, 굳
이 그러한 '인문학적 상상력'을 경유하지 않더라도, 플
라톤의 저작에서 소크라테스의 죽음에 대한 쓰디쓴
되새김질을 발견하는 것은 어렵지 않다. 아니, 그것을
읽어내지 못하는 것은, 불가능하다.

2

「에우티프론(Euthyphro)」에서 소크라테스는 재판을
받으러 가는 길에 에우티프론을 만나 '경건함이란 무
엇인가'라는 주제로 대화를 나눈다. 소크라테스는 신
들을 모독하였다는 죄목으로 재판을 받으러 가는 길
이었고, 에우티프론은 자기 자신의 아버지를 살인죄
로 기소한 사람이었다. 소크라테스와 에우티프론의
대화는 결론을 맺지 못하는데, 에우티프론은 사형 판
결을 받으러 가는 소크라테스에게 '다음을 기약'하며
헤어진다.

　　　뒤이어지는 작품이 「소크라테스의 변론」이다.

2　클로드 퓌자드르노, 『플라톤은 아팠다』, 고재정 옮김, 푸른숲,
2001년.

말 그대로 소크라테스가 법정에서 자신이 왜 결백한
지를 논증하는 내용이다. 하지만 소용이 없었고, 결국
사형 판결을 받아 집행을 기다리며 탈옥을 종용하는
친구 크리톤과 함께 '원칙', '올바른 기준을 정하고 지
키는 것' 등에 대해 토론을 나눈다. 대화 상대방의 이
름을 따 그 대화편의 이름은 「크리톤(Kriton)」으로 불
린다. 물론 탈옥은 하지 않고 감옥에서 죽음을 기다리
는 것이 결론이다. 그리하여 죽음을 앞두고, 플라톤을
제외한 몇몇 제자들과 함께 영혼 및 그 영혼의 불멸성
에 대한 대화를 나눈다. 그 이야기를 전해주는 사람의
이름을 따, 「파이돈」이라는 제목을 달고 있는 대화편
의 내용이다.

　　「에우티프론」, 「소크라테스의 변론」, 「크리
톤」은 모두 플라톤이 40세에 이르러 이탈리아 및 시칠
리아를 여행하고, 심지어 그 과정에서 노예로 팔려가
는 경험까지 하기 이전에 쓰인, 이른바 '초기 대화편'
이다. 개별적인 작품 속에서 소크라테스는 끝없이 질
문을 던질 뿐 어떤 답을 향해 움직이지 않는다. 「파이
돈」은 다르다. 아테네에서 자유와 신분과 재산을 되찾
은 플라톤은 42세, 혹은 43세 무렵부터 아카데미아를
설립해 학생들을 가르치고 학문에 매진하는데, 바로
그 시기에 작성된 '중기 대화편'이기 때문이다.

　　스승은 죽었다. 플라톤 자신은 본인이 구상하던
이상적인 국가를 실현해보기 위해 정객 노릇을 하다

가 노예로 전락하여 일생을 마칠 뻔했다. 자기 인생의
최대 트라우마인 소크라테스의 죽음에 대해 중년기에
접어든 플라톤은 다각도로 곱씹는다. '플라톤은 아팠
던 것 같다'며 이 사람 저 사람의 증언을 수집한 후, 스
승의 마지막 순간을 대화편으로 써내기도 했다. 그러
나 그보다 더 크고 중요한 지적 도약이, 그의 명실상부
한 대표작인 「국가」에서 이루어졌다.

3

「국가(politeia)」는 제시된 질문에 대해 직설적인 답
을 내놓는 책이 아니다. '올바름이란 무엇인가?'라는
질문을 들고, 플라톤이 자신의 화자로 내세우는 소크
라테스는 소피스트인 트라시마코스와 논전을 벌인다.
총 10권의 책, 혹은 10개의 파피루스로 이루어져 있는
「국가」가운데 첫 번째 권은, 트라시마코스가 '불의한
행동은 이로운 행동보다 더 큰 이득이 된다'는 자신의
주장을 포기하고 손을 터는 장면에서 마무리된다. 즉,
'올바름이란 무엇인가'라는 질문에 대해 「국가」의 1
권은 어떤 답을 내놓지 않는다. 거의 모든 고전 그리스
문헌학자들은 「국가」의 1권을 플라톤의 초기 작품으
로 분류하고 있다.

　　그렇게 묵혀둔 책을, 40대에 접어든 플라톤은
어느 날 불현듯 다시 쓰기 시작했다. 논쟁에서 이기지
못하자 토라져 사라져버리는 진짜 적이 아니라, 진리

에 도달하기 위해 스파링 파트너 노릇을 도맡는 소크
라테스의 제자를 상대로, 소크라테스의 탈을 쓴 플라
톤은 올바름, 즉 정의란 무엇인가라는 질문을 더 묻고
늘어지는 것이다. "나는 이런 말을 하고서는, 어쨌든
이 논의에서 해방되었겠거니 생각했었네. 그러나 결
국엔 그것은 서론인 것 같았네. 만사에 대해 언제나 제
일 담대한 글라우콘이, 특히 이번에도 트라시마코스
의 포기를 받아들이지 않고서 말했기 때문일세."[3]

　　제2권이 끝나기도 전에 작중의 소크라테스는
대화의 주제를 아예 먼 곳으로 끌고 가버린다. 개인적
차원에서의 문제, 가령 "친구가 내게 무기를 맡겨놓았
는데, 그 친구는 정신이 오락가락하는 상태고, 내가 그
무기를 돌려준다면 분명히 사람을 죽일 것이다. 그럼
에도 불구하고 나는 그 무기를 돌려줘야 하는가?" 같
은 질문을 집요하게 탐구하던 1권에서와 달리, 중년의
플라톤은 정당한 논증이라고 보기 힘든 유도 심문을
통해 논점을 엉뚱한 곳으로 이탈시키거나, 혹은 '승화'
시킨다.

　　　"자네한테 내 말해줌세. 올바름엔 한 사람의 것
　　　이 있지만, 나라 전체의 것도 있다고 아마도 우

───

3　　플라톤, 「국가」 357a, 『국가·政體』, 박종현 역주, 서광사, 1997
년, 123쪽.

리는 말할 것 같은데?" 내가 말했네.

"물론입니다." 그가 대답했네.

"그렇다면 나라는 한 개인보다는 크겠네?"

"큽니다." 그가 대답했네.

"그러니까 어쩌면 올바름은 한결 큰 것에 있어
서 더 큰 규모로 있을 것이며, 또 알아내기도 더
쉬울 걸세. 자네들이 원하기만 한다면, 먼저 나
라들에 있어서 올바름이 어떤 것인지를 탐구하
도록 하세나. 그런 다음에 한결 작은 형태의 것
에 있어서 한결 큰 것과의 유사성을 검토해보면
서, 역시 개개인에 있어서의 올바름을 마찬가지
로 검토해보도록 하세나."

"훌륭한 말씀인 것 같습니다." 그가 말했네.[4]

1권의 대화 상대인 트라시마코스도 아니고, 2권부터
10권까지의 스파링 파트너인 글라우콘도 아닌, '국가'
라는 추상명사가 이 책의 제목인 이유는 바로 이런 것
이다. 올바름이란 무엇인가, 혹은 올바른 삶이란, 국
가란 무엇인가라는 질문 모두를 아우르고 있지만, 「국
가」는 그 모든 것을 동시에 우회한다.

　　국가적 차원의 선과 개인적 차원의 선은 같지
않다. 그것은 근대국가가 확립된 시대를 살고 있는 우

4　플라톤, 「국가」 369a, 위의 책, 146쪽.

리에게 당연한 상식이다. 주사파가 아닌 다음에야 '미
국 같은 놈'이라는 말을 욕으로 쓰지는 않을 것이다.
'북한 같은 자식'도 욕이 되기는 어려운데, 군인들끼리
모인 자리 혹은 예비군 훈련장이 아닌 다음에야, 문법
적으로 매끄럽게 말이 통하지 않기 때문이다.

　　반면 플라톤은 국가 단위에서의 올바름을 찾아
낸 후 그것을 다시 개인적 영역으로 적용하는 논법을
구상했다. 그 목적은, 우리가 어렵지 않게 짐작할 수
있다시피, 사실 '올바른 국가'에 대한 자신의 이상을
펼쳐놓기 위해서였을 것이다. 「국가」와 쌍을 이루는
말기의 대화편 「법률(Laws)」을 보면 그 의도가 더욱
명확해진다. 생의 말년에 이르러 플라톤은 '소크라테
스'를 주인공으로 내세우는 짓도 하지 않는다. 어떤 아
테네 사람이 주인공이다. 그는 이런저런 법적 제도와
방안을 설파한다.

　　「국가」를 쓰던 당시의 플라톤은, 그러나, 아직
소크라테스를 잊지 못하고 있었다. 이상 국가의 청사
진을 제시하면서도, 오히려 그렇기에 소크라테스에
대한 이야기를 하지 않을 수 없었다. 플라톤이 보기에
소크라테스는 민주정, 혹은 민주정의 탈을 쓴 체제의
희생양이었고, 오직 올바른 정치 체제를 확립함으로
써 그의 억울한 죽음을 극복할 수 있을 것이기 때문이
었다.

4

국가적 차원에서의 올바름을 찾는 플라톤의 논의들을 개별적으로 살펴보더라도 사정은 마찬가지다. 「국가」가 특히 그렇다. 핵심적인 논증이 진행되어야 할 대목에 어울리지 않게 '비유'들이 등장한다. 인식의 대상과 그에 상응하는 지적 능력을 설명하기 위해 플라톤은 '선분의 비유'를 제시한다. 그 선분의 끝에 도달해 있는 최고의 지적 인식에 도달한 자가, 어떻게 그런 지식을 얻게 되며, 무지한 자들에 의해 어떤 취급을 받게 되는지에 대해서는, 그 유명한 '동굴의 비유'를 통해 설명한다.

'동굴의 비유'가 무슨 뜻인지 잘 이해되지 않는 것은 플라톤의 「국가」를 읽는 독자의 탓이 아니다. 대체 이 희한한 비유가 구체적으로 어떤 장면을 묘사하는지에 대해 수많은 고전 그리스 문헌학자들 사이에 오랜 논쟁이 있었다. 주로 합의된 바에 따르면 이렇다. 동굴이 있고, 그 동굴의 입구 쪽에 횃불이 놓여 있다. 동굴에는 고개를 돌릴 수 없도록 목이 고정된 죄수들이 입구 반대편을 바라보며 앉아 있는데, 그 죄수들과 불 사이에 어떤 벽이 놓여 있다. 그 벽 위로, 마치 그림자놀이를 하듯이 다양한 동물, 식물, 사물들의 모형이 지나간다. 불빛이 사물을 통과하지 못해 만드는 그림자가 동굴 벽에 비치면서, 고개를 돌릴 수 없는 죄수들은 오직 그것만을 바라보게 되는 것이다.

이렇게 그림자만을 보고 살아온 사람들, 그림자
놀이를 하는 누군가가 내는 소리만을 듣고 자란 죄수
들은, 오직 그 그림자와 인공적인 소리만을 실제의 것
으로 생각하지 않겠느냐고 소크라테스의 탈을 쓴 플
라톤이 글라우콘에게 질문을 던진다. "그러니까 이런
사람들이 인공적인 제작물들의 그림자들 이외의 다른
것을 진짜라 생각하는 일은 전혀 없을 걸세."5

플라톤이 만든 '동굴의 비유'는 시대와 장소를
초월하여 모든 인류에게 보편적으로, 어색하기 짝이
없는 가상적 상황을 제시하고 있다. 심지어 「국가」를
쓰던 플라톤 자신도 그것을 잘 알고 있었다. 글라우콘
이 "이상한 비유와 이상한 죄수들을 말씀하시는군요"
라고 반론하게 한다. 하지만 논의를 속히 진행해야 하
므로 소크라테스는 이렇게 응수한다. "우리와 같은 사
람들일세." 두 명의 워쇼스키가 영화 「매트릭스(*The
Matrix*)」(1999)를 만들어내기 전까지, 플라톤 이래
모든 철학자들은, 플라톤이 만든 억지 춘향이 격인 비
유를 설명하느라 진땀을 흘려야 했던 것이다.

오늘날의 우리는 이전 그 어느 시대의 인류보다
더 '동굴의 비유'를 잘 이해할 수 있는 상황에 놓여 있
지만, 그 이야기는 잠시 뒤에 하도록 하고, 일단 원래
의 논의로 돌아가자. 동굴의 비유는 그 죄수 중 하나가

5   플라톤, 「국가」 515c, 위의 책, 450쪽.

다른 누군가에 의해 세상 밖으로 나와 햇빛을 본 후 동굴로 다시 돌아가는 서사를 포함하고 있기 때문이다. 햇살이 내리쬐는 진짜 세상에 나온 죄수는, 서서히 시력을 회복하며, 일단 실제의 사물에 익숙해지고, 물에 비친 모습과 같은 비실제적인 이미지를 보고, 실제의 사물을 보며, 그것들을 볼 수 있게 해주는 태양을 관찰하게 된다. 그 태양은 "계절과 세월을 가져다주며, 보이는 영역에 있는 모든 것을 다스리며, 또한 어느 면에서는 그를 포함한 동료들이 보았던 모든 것의 '원인(탓)이 되는 것(aitios)'"[6]이다.

5

지젝 및 지젝의 학동들이 즐겨 쓰는 표현을, 논의의 편의를 위해 그냥 갖다 쓰자면, 플라톤의 죄수는 이제 '빨간 약'을 먹은 것이다. 하지만 「동굴의 비유」는 「매트릭스」와 사뭇 다르게 진행된다. 빨간 약을 먹고 깨어나면 매트릭스의 큐브 밖으로 추방되므로 동료를 팔아먹고 스미스 요원과 협상을 벌이지 않는 한 다시는 제 발로 돌아갈 수 없지만, 이상한 동굴에서 빠져나온 죄수에게는 어떤 선택지가 주어진다. 매트릭스 바깥은 비교하기가 민망할 정도로 매트릭스 내부에 비해 황량한 곳이지만, 동굴 밖은 태양이 내리쬐고 진짜

6   플라톤, 「국가」 526c, 위의 책, 452쪽.

사물과 동물들이 존재하는 곳이다. 플라톤은 글라우
콘에게 묻는다.

"어떤가? 이 사람이 최초의 거처와 그곳에 있어
서의 지혜 그리고 그때의 동료 죄수들을 상기하고서
는, 자신의 변화로 해서 자신은 행복하다고 여기되, 그
들을 불쌍히 여길 것이라고 자넨 생각지 않는가?"[7] 물
론 그럴 것이다. 동굴 속에서, 이 그림자 다음에 저 그
림자가 나올 것임을 잘 알아맞히거나 하여 얻게 될 명
예, 칭찬, 물질적 보상 등에 대해서도, 동굴 밖으로 풀
려나온 죄수가 전혀 관심을 갖지 않을 것 또한 자명한
일이다.

그럼에도 불구하고 플라톤은, 누군가의 손에 의
해 이끌려 나온 그 죄수가, 제 발로 그 동굴에 돌아가
멸시와 학대를 당하며 끝내 생명의 위험에 처하는 장
면으로 대화를 이끈다. "만약에 이런 사람이 다시 동
굴로 내려가서 이전의 같은 자리에 앉는다면, 그가 갑
작스레 햇빛에서 벗어났으므로, 그의 눈은 어둠으로
가득 차 있게 되지 않겠는가?"[8] 진실을 알고 있지만,
오히려 갑자기 닥쳐온 어둠에 익숙하지 않아, 동굴 속
에서만 살아온 이들에게는 되려 어리석게 보일 수밖
에 없는 그 선지자의 운명을 플라톤은 잘 알고 있었다.

7   같은 곳.
8   플라톤, 「국가」 516e, 위의 책, 452쪽.

그렇지만, 만약에 그가 줄곧 그곳에서 죄수 상
태로 있던 그들과 그 그림자들을 다시 판별해봄
에 있어서 경합을 벌이도록 요구받는다면, 그것
도 눈이 제 기능을 회복도 하기 전의 시력이 약
한 때에 그런 요구를 받는다면, 어둠에 익숙해
지는 이 시간이 아주 짧지는 않을 것이기에, 그
는 비웃음을 자초하지 않겠는가? 또한 그에 대
해서, 그가 위로 올라가더니 눈을 버려가지고
왔다고 하면서, 올라가려고 애쓸 가치조차 없다
고 하는 말을 듣게 되지 않겠는가? 그래서 자기
들을 풀어 주고서는 위로 인도해 가려고 꾀하는
자를, 자신들의 손으로 어떻게든 붙잡아서 죽일
수만 있다면, 그를 죽여버리려 하지 않겠는가?[9]

저 대목이 소크라테스의 재판에 대한 것이라고 생각
하지 않는 플라톤 연구자는 없다고 해도 무방하다. 플
라톤은 소크라테스를 등장인물로 삼아, 그 소크라테
스를 오히려 어리석은 자로 여기고, 비웃고, 재판을 하
여 죽이기까지 한 아테네인들을 '동굴 속 죄수'로 묘사
하게끔 한 것이다. 물론 여기에는 이상 국가를 건설하
기 위해 시칠리아에서 정치 활동을 했지만 도리어 노
예로 붙잡혀 팔려갔던 플라톤 자신의 경험도 깊게 묻

9   플라톤, 「국가」517a, 위의 책, 453쪽.

어 있을 터이다. 스승의 죽음, 자신의 좌절, 그럼에도
불구하고 포기할 수 없는 이상이, 고대 그리스의 철학
자에게 "이상한 비유와 이상한 죄수들"을 떠올리게
만들었던 것이다.

6

'동굴의 비유'는 여러모로 이상한 이야기이다. 이것이
철학적 논증인지 여부를 묻는다면, 세상에서 가장 유
명한 철학자의 가장 유명한 논의 중 하나지만, '논증'
이라고 볼 수 있을 여지는 거의 없다. 설정도 엉망이
다. 픽션이라고 보기에는 너무도 엉성하고, 학술적 논
의라고 보자니 처음부터 끝까지 다 자기가 지어낸 이
야기에 지나지 않는다. 게다가 그 죄수는 동굴로 돌아
간다. '진짜'라고는 아무것도 없는 그 동굴로 말이다.

　　물론 풀려난 죄수는 그렇지 못한 이들을 '불쌍
히' 여긴다. 그러나 그렇다고 해서 꼭 그들에게 돌아가
야 할 필요는 없다. 자기 혼자 이 밝은 햇살과 넓은 세
상을 즐기면 그만이다. 동굴 속에 갇힌 죄수들은, 자신
이 직접 보고 겪지 않는 한, 태양과 빛과 '진짜'인 것들
을 전혀 알지 못할 것이므로, 심지어 그걸 자랑할 수도
없다. 그런데도 왜 굳이 돌아가서, 모욕과 멸시를 당하
고, 죽음을 맞이하는가. 1931/32년 겨울 학기에 프라
이부르크 대학에서 강의하던 하이데거도 바로 그 문
제와 맞닥뜨렸다. "그런데 비유에서 묘사되고 있는 사

건은 아주 이상한 넷째 단계로 넘어간다. 올라감(상
승)은 더 높아지지 않고 오히려 되돌아간다."[10]

　　하이데거는 그리스인들의 진리가 'A는 B와 같
다'는 식의, 검증 가능한 근대적 지식과는 무관한 것이
라 보았다. 진리는 '은폐'되어 있다가 스스로 '드러나
는' 것이다. 무언가와 일치함으로써 확인되는 것이 아
니다. 진리는, 마치 꽃이 피어나듯이, 스스로 그 존재
를 드러낸다. 그러나 근대인들은 이미 피어난 꽃을 잎
사귀와 꽃받침과 암술과 수술로 분리하고, 그 각각을
으깨거나 현미경에 놓고 관찰하거나 색상 표와 대조
해 '정확한' 색깔을 확인하는 식으로, 그것이 어떤 식
으로 존재하는 사물, 즉 '존재자'이기 이전에 '존재' 그
자체라는 것을 잊어버린다. 근대인들의 이러한 사고
방식을 그는 '존재 망각'이라 불렀고, 본인에게는 그
'존재 망각' 이전의 그리스적 진리 개념, 즉 '존재의 드
러남'을 밝혀야 할 의무가 있다고 생각했다.

　　진리는 사물화될 수 없다. 존재는 존재하는 사
물 이전의 어떤 '사태로서의 진리'다. 개별적으로 존
재하는 물건을 가질 수는 있지만 '존재 그 자체'는 우
리가 가질 수 있는 무언가가 아니다. 여기서 하이데거
는 플라톤의 이상한 논의에 자신의 철학적 사고를 접

10　마르틴 하이데거, 『진리의 본질에 관하여 — 플라톤의 동굴의 비
유와 테아이테토스』, 이기상 옮김, 까치글방, 2004년, 89쪽.

합시킨다. 만약 굴레를 벗어던지고 태양 아래에 선 죄
수가, 태양 빛을 받는 온갖 사물들을 눈으로 보고 접하
는 그 상태에 그대로 머물고자 하면 어떻게 될까? 물론
태양은 '진짜'고, 그 태양 아래의 사물들도 '진짜'다. 하
지만 그 상태에만 머무른다면, 그는 동굴에서 벗어났
지만, 사실상 동굴 속 죄수와 같은 상태에 놓인 것이 아
닌가? "동굴에서부터 올라와 완전히 이데아들의 빛남
속에 자신을 잃어버린 사람은 진정으로 그 이데아들
을 이해하지 못할 것이다. (⋯) 그는 이데아 자체를 그
저 또 하나의 존재자로 만들고 더 높은 층의 존재자로
만들 것이다. 탈은폐 힘은 전혀 일어나지 않게 될 것이
다."[11]

　　계몽은 무지로부터의 해방이며, 진리는 비-진
리로부터 벗어나는 것이다. 자유롭게 된 상태에 안주
하면 그것은 더 이상 자유로운 것이 아니다. 진리를 본
자, 자유를 얻은 죄수는, 그 자유에 포박되지 않기 위
해 다시 동굴로 들어가야만 한다.

　　그러나 여기에서부터 귀결되어 나오는 것은 이
　　것이다. 단순히 태양에로 올라감으로써 결코 해
　　방이 끝나는 것은 아니다. 자유는 그저 결박에
　　서부터 해방-됨만도, 또한 빛에로 자유롭게-됨

─────────────

11 위의 책, 100쪽. 강조는 원문.

만도 아니다. 또한 본래의 자유로움은 어둠에
서부터의 해방자-임(해방자로서-있음)이다. 동
굴 속으로의 귀환은, 자유롭게 된 자가 기분전
환 삼아 한번 해봄직도 할 만한, 예를 들어 호기
심에서 동굴 속에 있음이 위에서 볼 때 어떤 점
이 어떻게 다른지를 알기 위해서 벌이는 추후적
인 재미가 아니다. 오히려 동굴 속으로의 귀환
은 자유롭게 됨의 본래적인 완료이다.[12]

7

하이데거의 해석은 플라톤의 본래 의도에서 다소 벗
어난 것이다. 플라톤에게 있어서, 동굴로의 귀환은 그
죄수가 원해서 하는 일이 아니었다. 그는 이 모든 사태
를 기획하고 바라보는 일종의 미친 과학자 같은 시각
으로 논의를 전개한다. 일단 그렇게 꺼내어진 죄수에
게 태양과 진리와 좋은 것들을 가르친 후, 그를 다시
동굴로, 죄수들의 곁으로 돌려보내는 것이다. "이들
이 일단 이 길을 올라, 그것을 충분히 보게 되면, 이제
이들이 허용받고 있는 걸 이들에게 더 이상 허용하지
않"[13]아야 한다고 플라톤은 주장한다. "바로 거기(태
양 아래)에 머물러 있으려 할 뿐, 저들 죄수들 곁으로

12　위의 책, 101쪽.
13　플라톤, 「국가」519d, 『국가・政體』, 458쪽.

다시 내려가서 저들과 함께 노고와 명예를, 이게 다소 하찮은 것이건 대단한 것이건 간에, 나누어 가지려 하지 않는 것"[14]을 용납할 수 없다는 것이다.

진리를 본 자들은 그렇지 못한 자들 곁으로 돌아가야 한다. 돌아가서, 본인들이 결코 즐기지도 않고 원치도 않는, 동굴 속의 허깨비 그림자 노름과도 같은 정치적인 문제들을 해결해야 한다. 그런 나라에서는 "참으로 부유한 자들이, 결코 황금으로 부유한 자들이 아니라 행복한 사람이 마땅히 풍부히 지니고만 있어야만 하는 것, 즉 훌륭하고 슬기로운 삶으로 풍부한 자들이 통치하게 될 것"[15]이기 때문이다. 통치를 하고 싶어 하지 않지만 통치하는 자, 현실에 대해 관심도 없고 애정도 없지만 탁월한 지혜로 내려다볼 수 있는 자, 요컨대 철인 군주가 되어야 한다.

「파이돈」의 주제는 영혼의 불멸성이었다. 불멸하는 영혼은 이데아의 세계에서 영원히 지고의 복락을 누린다. 영혼의 불멸성에 대한 논의는 「국가」의 말미에 다시 한 번 등장한다. 철인 군주는 죽은 후에 영원토록 행복하게 철학적인 토론을 하고, 수학을 연구하며, 진리 그 자체와 더불어 존재할 수도 있을 것이다. 다만 살아 있는 채로는 그런 상태에 도달할 수가 없으

14 같은 곳.
15 플라톤, 「국가」 521a, 위의 책, 460쪽.

니, 그러한 영원한 행복을 동경하며, 현실의 이상 국가를 통치하고 그 속에서의 문제들을 해결해나가는 것이다.

지적으로, 또 정신적으로 우수한 엘리트를 어떻게 형성하고 갖춰나갈 것인가, 그 엘리트들에게는 어떠한 품성과 자세가 요구되는가 등에 대해, 「국가」는 아주 일찍이 나름의 완결성을 지니는 논의를 제공하고 있었던 셈이다. 이 세상을 넘어서는 진리와, 그 진리로부터 파생되는 쾌락을 아는 자들이 국가를 다스려야 한다. 그들에게는 통치의 권한이 그냥 주어져야만 한다. 왜냐하면 "통치하는 것이 쟁취의 대상이 된다면, 이런 싸움은 동족 간의 내란으로서 당사자들은 물론 다른 시민들마저 파멸시키기 때문"[16]이다.

정작 스승의 죽음과 본인의 정치적 실패를 경험한 것은 플라톤이었음에도 불구하고, 하이데거의 결론은 플라톤보다 훨씬 우울하다. 혹은 '실존적'이다. 세상을 모두 다스릴 수 있는 지식을 얻은 플라톤의 해방된 죄수와 달리, 하이데거에게 있어서 "자유로운 자는 오직 본질시야만을 알고 있다."[17] 1932년 겨울, 철학자가 세상을 다스릴 수 없다는 것은 너무도 명백했다. 제1차 세계대전이 끝나고 제2차 세계대전은 아직

---

16 플라톤, 「국가」 521a, 위의 책, 461쪽.
17 하이데거, 앞의 책, 101쪽.

시작되지 않았던 그 시절, 독일은 극심한 혼란에 시달
렸다. 바이마르 공화국의 민주주의는 제 기능을 하지
못했고 히틀러는 정치적으로 급성장하고 있었다. 가
까스로 대학 교수가 된 하이데거와, 아무런 희망도 없
이 문자 그대로 굶주림에 시달리며 그의 수업을 듣는
대학생들에게, 동굴 속에서의 삶이란 가까스로 살아
내는 것 이상도 이하도 아니었던 것이다.

　　그러므로, 하이데거의 나치 참여에 대해서는 지
금까지도 끊이지 않는 논란이 계속되고 있지만, 그가
플라톤과 같은 꿈을 꾸고 있었다고 말할 수는 없다. 심
지어 하이데거의 텍스트에는 막스 베버의 것과 같은,
미래의 관료들에게 '건전한 판단력'을 심어주고자 하
는 소명 의식조차 찾아보기 힘들다. 아테네의 지배계
급 중에서도 명문가의 자손이었던 플라톤과 달리, 가
난한 성당지기의 아들이었던 하이데거는 자신의 스승
후설이 유대인이기에 대학 도서관에 출입할 자격을
잃은 후에도 달리 손 쓸 수가 없는 처지였다. 훗날의 기
록을 보면 그럴 생각도 없었던 것 같지만 말이다.

　　결국 동굴로 돌아온 죄수가 할 수 있는 것은, 진
리와 비-진리 사이의 경계를 드러내어 보여주는 것뿐
이었다. 그 죄수가 진리를 '아는' 게 아니다. 해방된 죄
수가 동굴로 되돌아옴으로써, 돌아온 죄수의 생명을
담보로 하여, 진리가 스스로를 '드러내는' 것이다.

해방자는 구별 지음을 가지고 온다. 그가 존재
와 존재자 사이의 구별 지음을 잘 다스리고 있
는 한에서 그는 무엇이 존재자이고 무엇이 가
상인지를, 무엇이 비은폐된 것이고 무엇이, 스
스로를 드러내 보이면서도 그럼에도 (그림자처
럼) 은폐하고 있는 것인지를 갈라내려고 할 것
이다. 따라서 그는 존재와 가상, 진리와 비진리
의 갈라냄으로 나아갈 것이다. 그리고 동시에
그러한 갈라냄과 더불어 그 둘의 함께 속함도
귀결되어 나올 것이다. 참인 것과 참이 아닌 것
을 갈라냄에 근거해서 이제야 비로소 비은폐성
으로서의 진리의 본질이 은닉의 극복 속에 성립
하고 있음이 드러난다.[18]

8

해방된 죄수는 동굴로 되돌아감으로써 아무것도 아닌
존재로 전락한다. 심지어 동굴 속에서는 그가 알고 있
는 바깥 세상에 대한 지식과 경험도 아무런 쓸모가 없
다. 그러므로 냉정하게 볼 때, 한낱 동굴 속의 행위자
에 지나지 않는 '해방되었던 죄수 그 자신'은, 이성적
이고 상호 존중하는 방식을 통해서는 계몽의 주체가
되지 못한다. "그가 해방시키는 방식은 언어를 통한

18 같은 곳.

대화가 아니며 동굴 또는 동굴 주민들의 의도와 관점
에 맞춘 대화가 아니라 오히려 일종의 폭력적인 장악
이며 강제적 탈취이다. 그가 그들의 언어로 죄수들과
대화를 나누며 그들을 그들의 척도, 근거들 그리고 증
명들을 가지고 설득하려고 노력하려는 방식으로 이루
어지지 않는다. 그렇게 해서는 고작해야 그들의 웃음
거리가 될 뿐이다."[19]

본인이 만든 동굴의 비유 속에서 해방되었던 죄
수가 그 혼자만의 힘으로는 무엇도 해낼 수 없음을 플
라톤 또한 잘 알고 있었다. 그래서 그는 돌아온 죄수가
조롱감이 되고 위협을 당하는 그 시점에서 비유를 멈
춘다. 동굴의 비유를, 앞서 진행하고 있던 교육 및 이
상적인 국가의 구성론에 적용함으로써, 이상 국가를
다스리고 지켜낼 수호자 계급을 어떻게 선별하고 교
육할 것인지에 대한 논의로 방향을 트는 것이다.

한 사람의 철인 군주는 실패한다. 스승의 죽음
으로 이미 증명되었다. 그러므로 철학자는 더 많은 철
학자를 길러내고 그들이 다스리는 세상을 만들어야
한다. 인식론적 문제와 사회철학 및 교육철학적 과제
가 뒤엉켜 서로 상대방의 결론 노릇을 대신하고 있다.
순환논증의 오류라고 부르기도 민망하지만, 아무튼
「국가」는 그렇게 쓰인 책이다.

19 위의 책, 95쪽.

태양을 바라본 철학자가 곧 진리를 담지한 지
배계급으로 격상한다는 논리를 하이데거는 받아들일
수 없었다. 그것은 철학을 공부한 지배계급의 등장일
뿐 진리 그 자체가 피어나는 일과는 전혀 다르다. "즉
동굴의 비유는 분명 알레테이아(진리)에 대해서 다
루고 있기는 하지만 그것이 근원적으로 그것의 본질
에서 빛 속으로 오게 되는 (밝혀지는) 식으로, 퓌시스
(φύσις, 존재)에 대해서 말해지고 있는 '자신을 숨기기
를 좋아함'을 거스르는 투쟁의 대형에서, 따라서 단지
거짓이나 가상을 거슬러서가 아니라 바로 은폐성 자
체를 거스른 투쟁의 태도 속에서 다루어지고 있지는
않다."[20] 1932년 겨울, 독일인 하이데거는 고대 그리스
시대에 생존했던, 고대 그리스뿐 아니라 서양철학 전
체를 대표하는 인물에게, '당신은 고대 그리스의 진리
개념을 잘못 이해하고 있다'고 따지고 있었던 것이다.

플라톤은 현실적이었던 반면 하이데거는 철학
의 세계로 도피했다는 식으로 이 차이를 이해해서는
곤란하다. 두 철학자 모두 현실 앞에 좌절하고 '철학
적'인 결론을 내리고 있기는 매한가지였다. 다만 플라
톤은 이렇게 저렇게 교육을 통해 사회를 바꾸면 된다
는 식으로, 자신이 생각하는 진리의 구체적 실현을 12
개월짜리 어음 발행하듯 먼 미래로 미룬 반면, 하이데

20 위의 책, 103쪽.

거는 '동굴로 돌아간 죄수'의 눈높이에서 벗어나지 않은 채 플라톤이 만든 비유의 어깨 위에 자신의 철학적 사고를 얹었을 따름이다. 사회적 차원에서 보자면 두 입장 모두 무기력하고, 양자 모두 검증 가능하지 않다. 기원전 427년에 태어나 기원전 347년에 사망한 철학자와, 1889년 탄생하여 1976년에 세상을 떠난 철학자는, 각자의 입장에서 나름의 방식으로 진리에 도달하고자 했던 것이다.

9

칼 포퍼를 비롯하여 수많은 이들이 플라톤의 철인 군주론과 이상 국가 계획에 대해 반론을 제시했다. 플라톤은 '열린 사회'의 적으로 지목되었고, 조금 더 시간이 흐른 후에는 미국 네오콘의 지적 대부인 레오 스트라우스에 의해 재해석되었다는 사실이 과장되면서, 다시 한 번 전체주의적 사고를 대변하는 철학자라는 오명을 뒤집어쓴다. 아닌 게 아니라, 아기들을 태어나자마자 부모로부터 빼앗아와 집단 양육을 하면서 '싹수'를 보고, 그 재능과 적성에 따라 사회적 역할을 분배하며, 그중 일부에게만 고등 교육을 허락하자는 논의는 너무도 구소련과 파시즘을 연상케 했던 것이다.

하이데거의 경우 사정은 더욱 복잡하다. 하이데거의 철학이 나치즘과 어떤 관계를 맺고 있느냐는 그 자체가 현대 철학 연구의 한 분과를 이룬다. 그중 가장 권위 있다고 할 만한 피에르 부르디외의 연구에 따르면, "1) 시간성 이론의 핵심에 감춰져 있는 사회보장 국가에 대한 저주, 2) 방랑에 대한 저주로 승화된 반유대주의, 3) 나치 참여―그 흔적은 융거와 나눈 대화에서 빙빙 돌려 표현된 여러 암시들에 역력히 남아 있다―에 대한 참회의 거부, 4) 초(超) 보수 혁명주의"[21] 등을 그의 저작과 공적 발화에서 확인할 수 있다고 한다. 하이데거의 철학은 나치즘의 '단순한 번역'이 아니라, 그가 살았던 시대적 상황 속에서 탄생한 또 하나의 보수주의 철학이라는 것이 부르디외의 설명이다.

　하이데거는 독일에서 일어났던 심원한 위기를 나름의 방식으로 부단히 사유한다. 아니 독일의 위기, 그리고 독일 대학의 위기가 하이데거를 통해 부단히 사유되고 표현됐다고 말하는 편이 더 정확할 것이다. 1차 대전, 볼셰비키 혁명의 가능성을 몸소 보여주고 또 보수주의자들을 끊임없이 괴롭혔을 뿐 아니라 (릴케나 브레히트 같은) 작가들이나 예술가의 열광적인 한순간을 완전히 기만해버렸던 1918년 11월의 (부분적) 혁명, 정치적 암살(암살자들은 대개 처벌받

21　피에르 부르디외, 『나는 철학자다: 부르디외의 하이데거론』, 김문수 옮김, 이매진, 2005년, 10쪽.

지 않았다), 카프의 무장봉기와 그 밖의 전복 기
도, 실패, 베르사유 조약, 언어공동체와 혈연 공
동체로서 '독일인(Deutschtum)'이라는 의식
을 격양시킨 프랑스의 루르 점령과 영토 축소,
특히 '중산층(Mittelstand)'에 커다란 타격을 준
엄청난 인플레이션(1919~1924), 기술에 대한
강박과 작업의 합리화가 갑작스레 도입되었던
짧은 번영기, 마지막으로 1929년의 대공황.[22]

플라톤의 인생도 평탄하지 않았다. 펠로폰네소스 전
쟁이 발발한 지 2년 후인 기원전 427년에 태어나, 25세
가 되는 해에 조국의 패전을 맛보았다. 이후 스승의 죽
음을 경험했고, 자기 자신 또한 이상 국가를 건설하려
다 노예가 된 바 있다는 것을 이미 우리는 수차례에 걸
쳐 이야기했다. 전쟁에서 진 아테네에는 역병이 돌았
다. 한번 꺾인 국운은 회복될 기미를 보이지 않았다.
플라톤의 이상한 이상 국가론은, 국가사회주의를 빙
자해 유대인을 가스실로 보내 학살하는 일이 벌어지
기 훨씬 전, 민주주의를 앞세워 한 철학자를 살해한 사
건이 벌어진 후 만들어졌다. 하이데거의 철학과 마찬
가지로 플라톤의 그것 역시 자신이 속한 시대의 산물
이면서, 동시에 그것을 어떻게든 철학적으로 극복하

22 위의 책, 23쪽.

고자 노력한 결과인 것이다. 사랑하는 스승의 죽음을 곱씹으며 기나긴 성장통을 겪는 과정을 담는, 거대한 문학 작품의 연속체로 이해할 수도 있겠지만 말이다.

10

동굴의 비유는 일종의 '원형적 서사'에 속한다. 비극적 상황에 던져진 인물이 고난을 극복하고 성장한 후, 자신의 기원을 찾아가 맞서는, 영웅 서사로 볼 수 있다. 물론 그 결말은 비극으로 예정되어 있다. 따라서 플라톤은 이상 국가의 계획을 쭉 이어나가, '돌아온 죄수'가 홀로 고립되지 않는 상황을 그려냈다. 반면 20세기 전반부의 독일에서 살아간 하이데거는 어떤 사회적인 시각을 포기하고, 대신 묵묵히 참고 견디며 진리가 '드러나게' 하는 문제적 개인으로서의 철학자상을, 그 죄수 위에 포개놓았다.

'동굴'은 사회적이면서 동시에 개인적이다. 나와 당신은 같은 동굴 속에 갇힌 죄수이기도 하고, 또 각자의 동굴 속에 묶여 있기도 한 셈이다. 망해가는 아테네가 플라톤과 그의 시대 사람들의 동굴이었지만, 플라톤은 스승의 죽음과 본인의 트라우마라는 자신만의 동굴에서, 그림자놀이 이면의 진실을 바라보고자 애썼다. 부르디외는 하이데거가 당대 독일의 철학계, 신칸트주의가 지배하던 그곳에서 사상적 소수자로 살아남기 위해 현학적인 말투 속에 스스로를 감췄다고 주

장한다. 은폐로부터 드러나는 것이 진리의 참된 발현
이라고 주장했지만, 자기 자신을 온전히 드러내는 것
만큼은 두려웠던 것이 아닐까, 짐작해본다.

　　　하이데거가 플라톤에게 요구했지만 스스로는
이루지 못한 '은폐성 자체를 거스른 투쟁의 태도'를 가
장 아름답게 묘사하는 대목이 누가복음에 나온다. 누
가복음은 다른 공관복음보다 유난히 더 예수의 탄생
에 대한 설화에 비중을 둔다. 세례 요한은 태어나지도
않은 상태에서 어머니 엘리사벳의 뱃속에서 뛰놀며
예수와의 만남을 기뻐한다. 예수가 태어나자 마리아
는 율법에 따라 갓 태어난 첫 아이를 성전에 데리고 가
는데, 그곳에서 시므온이라는 예언자를 만난다. 산모
와 아기를 모두 축복한 후 시므온은 이렇게 말했다.

> 이 아기는 수많은 이스라엘 백성을 넘어뜨리기
> 도 하고 일으키기도 할 분이십니다. 이 아기는
> 많은 사람들의 반대를 받는 표적이 되어 당신의
> 마음은 예리한 칼에 찔리듯 아플 것입니다. 그
> 러나 그는 반대자들의 숨은 생각을 드러나게 할
> 것입니다.[23]

'반대자들의 숨은 생각'은 진리가 아니다. 내가 진리라

---

23 누가복음 2:34~2:35,『공동번역성서』.

고 믿지만 그 누구도 이해하지도 받아들이지도 못하
는 그 '진짜'들 역시, 적어도 동굴 속에서는 진리로 인
정받을 수 없다. 진리는 그들과 나의 갈등, 오해, 대립
의 어딘가에, '네가 뭐가 그렇게 잘났다고 그러는데',
'우리는 그건 좀 아니라고 본다', '그러니까 지금 너 빼
고 다 틀렸다는 거냐' 따위의 말이 오가는 그 과정 속
의 어딘가에서 피어난다. 진리는 동굴에서 완성되는
것이다. "오히려 동굴 속으로의 귀환은 자유롭게 됨의
본래적인 완료이다."[24]

　　스승을 죽인 도시, 정적들이 아직도 칼을 갈고
있는 그곳으로, 플라톤은 자유인이 되어 돌아왔다. 그
의 동굴, 아테네에서, 진리를 탐구하기 시작했다. 소
크라테스가 죽던 날, 아마도 플라톤은 아팠던 것 같다.
자신이 태어나고 자란 도시를 떠났던 그는 제 발로 돌
아왔다. 상처를 딛고 회복하는 데에는 오랜 세월이 걸
렸다. 플라톤은 죽는 날까지 글을 썼고, 동굴에 갇힌
죄수들은 진리를 향한 투쟁을 시작했다.

　24　하이데거, 앞의 책, 101쪽.

그리스도를 본받아

내가 너희를 사랑한 것처럼 너희도 서로 사랑하
여라. 이것이 나의 계명이다.
— 요한복음 15:12 [1]

1

요한복음은 예수의 행적을 기록한 책이 아니다. 그 사
실은 심지어 서기 325년, 제1차 니케아 공의회에 참석
했던 고대 기독교의 교부들에게도 상식으로 통용되었
다. 마태복음, 마가복음, 누가복음과 달리 요한복음은
앞의 세 복음서, 즉 공관복음의 공통된 서사를 따라가
지 않는다. 세부적인 내용에는 차이가 있지만 공관복
음에는 거의 유사한 예수의 가르침이 등장하는 반면,

---

[1]   이 글에서 사용되는 성경 문구는 모두 『공동번역성서』를 따른
다. 다만, 네 복음서의 이름은 일반적으로 통용되는 바에 따라 적는
다. 가령 '마가복음'은 『공동번역성서』에서 '마르코의 복음서'로 되
어 있지만, 성경을 『공동번역성서』에서 인용하는 것은 독자의 편의
를 위한 것이므로, 마찬가지로 복음서의 명칭은 독자들에게 익숙한
것을 선택하기로 한다.

요한복음에서 예수는 누군가의 설교 투로 유창하게 정리된 화법을 구사하고 있는 것이다. 요한복음은 예수를 주인공으로 삼아, 누군가가 영감을 받아 써 내려간, 일종의 2차 창작이다.

　　그 차이를 명명백백하게 느낄 수 있는 것이 바로 이 구절이다. "내가 너희를 사랑한 것처럼 너희도 서로 사랑하"라는 것. 마태, 마가, 누가, 이른바 공관복음에는 이런 내용이 등장하지 않는다. 공관복음의 예수는 첫째로 신을 사랑하고, 둘째로 네 이웃을 사랑하라고 말할 뿐이다. 누가복음의 예수는 좀 더 친절하여, 이웃을 사랑한다는 것은 마치 길을 가다가 강도를 만난 사람을 아무 조건 없이 보살피고 간호하며 챙겨주는 사마리아인의 행동과도 같은 것이라고, 그 유명한 '착한 사마리아인의 비유'를 들어 설명해 주기까지 한다. 하지만 그런 누가복음의 예수도 '나를 따라 하여라, 그것이 사랑이다'라고 말하지는 않았다.

　　생각해보면 이것은 좀 이상한 말이다. 예수는 분명 자신이 신의 아들이라고 선언했다. 그런데 예수의 아버지라는 그 신은, 여기저기 돌아다니며 자식 농사를 짓고 다니는 바람둥이 제우스가 아니다. 예수의 아버지는 세상에 단 하나밖에 없는, 아니 어쩌면 세상 그 자체보다 훨씬 더 크고 완전한 존재다. 그는 세상이 존재하기 전부터 존재했고, 세상을 만들었으며, 언젠가 자신의 손으로 끝장내어버릴 것이다. 예수의 아버지인 신은 전지전능한 창조주인 것이다. 300여 년간 이어진 신학 논쟁 끝에 로마 가톨릭교회는 삼위일체를 정식 교리로 채택하였는데, 그것은 성부와 성자와 성령, 즉 예수의 아버지와 예수그리스도와 그의 사후 제자들에게 쏟아진 성령이 모두 하나이며 동일한 신의 위격이라고 말한다. 결국 예수는 신의 아들이면서 동시에 그 자신이 신이기도 하다. 그렇다면 어찌 감히 한낱 인간인 우리가 예수를 따라 함으로써 전지전능한 신의 사랑을 흉내 낼 수 있단 말인가?

다른 유일신 종교인 이슬람교와 비교해보면 선뜻 이해하기 어려운 이 논의가 얼마나 이상한 것인지 쉽게 파악할 수 있다. 이슬람교의 신 알라는, 뿌리를 거슬러 올라가면 유대교의 신 야훼와 같은 신이며, 천지의 창조주로서 전지전능한 존재다. 그러므로 모슬렘은 신의 형상을 감히 그림으로 그리지 않고, '알라를 본받는다' 같은 발상을 떠올리지도 않는다. 그들에게 모범이 되는 존재는 최후의 예언자인 마호메트이지, 그 마호메트가 계시한 신이 아니다. 이슬람교의 세계관 속에서 신은 신이고 인간은 인간이다. 인간은 신을 모방할 수 없고, 신은 인간을 사랑한다 해도 인간이 되었다가 인간에게 처형당하는 방식으로 인간을 사랑하지는 않는다. 오직 제1차 니케아 공의회 이후 확립된 삼위일체의 교리를 따르는 기독교의 종파들만이, 전지전능한 창조주께서 인간의 몸을 뒤집어쓰고 동정녀

마리아의 몸을 통해 태어나, 강도의 옆에서 십자가에
못 박혀 죽었다고 가르친다. 그것이 예수그리스도의
사랑이며, 요한복음의 저자는 예수가 "내가 너희를 사
랑한 것처럼 너희도 서로 사랑하여라"라고 가르쳤다
고 전하고 있다.

2

인간으로 태어난 신을 본받는다는 발상은 요한복음만
의 것이 아니다. 사도 바울은 코린트 섬에 모여 있던 기
독교 신자들을 향해 두 편의 편지를 썼는데, 그중 첫 번
째에 다음과 같은 구절이 등장한다. "내가 그리스도를
본받는 것처럼 여러분도 나를 본받으십시오."[2] 사도
바울의 서한들은 기원후 60여 년경 작성되었고, 90년
대부터 널리 퍼져 나가기 시작했다. 네 편의 복음서보
다 더 빨리 문서로 정착된 것이다. 그 속에서 바울은 자
신이 그리스도를 본받고 있다고, 그러니 여러분도 나
처럼 그리스도를 본받으라고 요구한다.

　　예수를 적극적으로 모방하는 것, 그의 가르침뿐
아니라 삶과 죽음까지도 배워야 할 무언가로 격상시키
는 것은, 기독교라는 종교가 시작할 때부터 이어져온
방법론인 셈이다. 성 아우구스티누스도 예수를 본받는
것이 중요하다고 강조했다. 신의 원리로 세상이 통치

2　고린도 전서 11:1.

되던 중세가 끝나갈 무렵, 혹은 르네상스가 막 시작되
려던 15세기, '공동생활형제단'이라는 수도회에 소속
된 수도자 토마스 아 켐피스는 아예 『그리스도를 본받
아(*De Imitatione Christi*)』라는 제목의 책을 펴냈다.

> "나를 따르는 사람은 누구든지 어둠의 길을 걷
> 지 않을 것이다."(요한복음 8:12 참조) 주님은
> 이 말씀에서, 진정으로 가르침 받기를 원하고
> 분별없는 마음에서 해방되기를 원한다면, 그리
> 스도의 생애와 그분이 걸어온 길을 본받아 행하
> 라고 권고하십니다. 그러므로 예수그리스도의
> 생애를 깊이 되새겨 보는 것이 우리가 가장 먼
> 저 해야 할 일입니다.[3]

이렇게 시작되는 『그리스도를 본받아』는, 기독교 서
적 가운데 성경을 제외하면 가장 많이 팔린 책이라고
한다. 그런데 여기 한 가지 문제가 있다. 예수라는 한
갈릴리 청년의 인생에 대해 후대의 기독교 신자뿐 아
니라, 당대의 기독교 신자들조차도 아는 바가 거의 없
었다는 것이다. 오늘날 사용되는 성경을 아무리 뒤져
봐도 서른 살 무렵 세례 요한에게 세례를 받기 전까지

---

3   토마스 아 켐피스, 『그리스도를 본받아』, 박동순 옮김, 두란노,
2010년, 13쪽.

의 예수가 어떻게 살았는지 우리는 대단히 단편적으로밖에 알 수가 없다.

　　성경은 어느 날 갑자기 등장한 게 아니라 기독교가 전파된 지역에서 떠돌던 수많은 문헌들을 모은 것이다. 그렇게 '정경(Canon)'에 속하지 못한 책들 가운데 『다빈치 코드(*The Da Vinci Code*)』(2003)나 그 외 기독교 음모론에 자주 등장하는 도마복음을 보면, 예수의 어린 시절에 대한 이야기가 나온다. 그에 따르면 어린 예수는 진흙으로 비둘기를 만들어 생명을 불어넣어 날려 보내기도 하지만, 자신의 신성함을 알아채지 못하거나 무시하는 자들에게는 서슴없이 저주를 내리기도 한다. '우리 편'이긴 한데 하는 짓은 신의 아들이라기보다는 「오멘(*The Omen*)」(1976)의 데미안을 더욱 연상시킨다. 이런 예수 어린이의 생애를 본받는 것은 하고 싶어도 할 수 없는 일일뿐더러, 도덕적으로 모범이 될 만한 무언가라고 말할 수는 없다.

　　어른이 된 예수의 경우도 마찬가지다. 만약 그가 실제로 생존했던 인물이라 하더라도 예수의 삶에 대한 정확한 기록을 우리는 결코 발견할 수 없을 것이다. 끊임없이 서신을 교환하고 일기를 쓰던 근대 이후의 식자층이나, 모든 일상생활을 스스로 인터넷에 공개하는 요즘 사람이 아닌 다음에야, 낮은 사회적 신분을 가진 누군가의 삶을 '개인'의 것으로 재구성하는 일은 사실상 불가능에 가깝다. 신약성경에 기록된 바를 아무리 샅샅이 뒤져도 예수라는 사람의 생애와 행적을 온전히 복원해낼 수는 없다. 요한복음까지 놓고 공통분모만 추려 본다면, 우리가 예수에 대해 확실히 말할 수 있는 것은, 어떤 사람이 태어나 세례 요한에게 세례를 받은 후 예루살렘에서 십자가형을 받고 죽었다는 것뿐이다.

토마스 아 켐피스의 책이 흥미로워지는 것은 바로 이런 이유 때문이다. 물론 책은 성경을 인용하고 복음서에 나오는 예수의 발언을 근거로 제시하지만, 그 내용들은 대체로 '착하게 살자'는 수준에서 오가고 있다. 그리스도를 본받자고 하긴 했는데, 정작 예수의 삶에 대해 우리가 아는 바는 거의 없다. 아프리카에서 인도적 의료 사업을 벌인 신학자 알베르트 슈바이처가 『예수의 생애(*Von Reimarus zu Wrede*)』(1906)를 쓴 이후 오늘날까지 진행된 신학 연구의 결론도 그와 같다. 예수의 인생을, 마치 파파라치가 셀레브리티의 사진을 찍어 공개하듯, 그렇게 제시할 수는 없다. 그렇다면 사도 바울은, 성 아우구스티누스는, 토마스 아 켐피스는 도대체 누구의 무엇을 본받자고 말하고 있는 것인가?

3

우리는 태어나는 그 순간부터 눈앞에 보이는 누군가를 흉내 내고 본받으며 배운다. 어린이는 부모의 말투

와 버릇을 배우고, 함께 오래 살아간 부부는 알게 모르
게 서로 얼굴 표정을 흉내 내며 닮아 간다. 인간의 아기
와 갓 태어난 침팬지를 같이 키워서 침팬지를 인간에
가깝도록 만들겠다던 한 심리학자의 연구는 실패로
돌아갔다. 침팬지가 인간을 배우는 속도보다 인간 아
기가 침팬지를 배우고 따라 하는 속도가 더 빨랐기 때
문이다. 그는 자신의 아이를 원숭이로 키우고 싶지 않
았기에 실험을 중단했다. 인간은 인간을 모방하면서
인간이 된다.

　　당연하게도 우리는 대체로, 멀리 있는 사람보다
는 가까이 있는 사람을 모방한다. 인간은 태어나자마
자 그의 부모를 흉내 낸다. 자신의 또래 집단 중 눈에
띄고 주도적인 사람을 따라 하면서 어린이와 청소년
은 커나간다. 학생들의 자치 조직이 나름의 힘을 가지
고 있었던 시절, 대학생은 선배의 일거수일투족을 모
방하면서 캠퍼스의 일원이 되었는데, 그때에도 결국
가장 많은 것을 가르치고 배우는 것은 1년 선후배 사이
에서였다. 가장 쉽게 직접적으로 따라 할 수 있는 대상
은, 결국 가장 가까운 누군가일 수밖에 없는 것이다.

　　거의 대부분의 조직은 바로 이렇게 모방과 학습
의 원리에 의하여 유지된다. 방금 전까지 신병이었던
누군가가 지금 들어온 신병을 가르치면서 군대는 돌
아간다. 그 군대의 작동 원리를 고스란히 본떠, 대한
민국의 직장인들은 자신의 '사수'로부터 이 회사가 얼

마나 좆같은 곳인지, 왜 여기서 썩고 있어서는 안 되는
지, 그럼에도 불구하고 이 일은 어떻게 처리해야 하는
지 등등을 배운다. 그것을 자신의 후임, 후배, 기타 등
등에게 가르칠 수 있을 만큼 경험이 쌓이면, 당신도 어
엿한 군인, 직장인, 사회인, 기타 등등이 된 것이다. '그
때 그 선배 말이 이런 뜻이었구나'라고 곱씹으며 고개
를 끄덕거릴 수 있게 되었다는 뜻이다.

　　모방의 대상으로 신의 아들이며 스스로 신이기
도 한 누군가를 제시하는 것은, 이러한 맥락과 한참 동
떨어진 일이다. 우리 인간은 신이 될 수 없으므로, 마
치 이등병이 일병으로 진급하고 나서 '아, 내 맞고참이
이런 심정이었구나'라고 깨닫는 것과 같은 그런 경험
을 할 수가 없다. 물론 『그리스도를 본받아』 같은 책은
제도로서의 종교를 유지하는 데 큰 기여를 하였을 테
지만, 예수를 정말 하나의 인간으로 취급하고, 견습공
이 장인을 보고 배우듯 할 수는 없는 노릇이다.

　　더욱더 심각한 문제는 예수가 제시하는 삶의 태
도가 사회적 조직을 유지하고 지키는 데 그리 큰 도움
이 되지 않는다는 점이다. 그는 사회적으로 배척된 사
람들, 구체적으로는 창녀 및 세리와 함께 먹고 마셨다.
"나는 이 세상에 불을 지르러 왔다"[4]고 선언했다. 기존
의 권위에 저항하다 비참하게 처형당한 후 부활하는

4　누가복음 12:49.

것으로 복음서의 이야기는 마무리된다. 실제로 초기
기독교인들은 그의 부활을 모방하기 위해 로마에 저
항하고 십자가형을 선고받음으로써 죽음도 모방하였
으나, 그러한 방법론은 예수 사후 수십 년이 지나자 설
득력을 잃어 갔다. 누군가 예수의 삶과 죽음을 문자 그
대로 따라 한다면, 그 자신뿐 아니라 그의 주변 사람들
도 일상적인 삶을 유지할 수 없다.

4

애초에 따라 할 수도 없고, 따라 해서도 안 되는 대상을
제시해놓고, 그를 모방하여 배우자고 하는 부조리한 가
르침이 고대로부터 지금까지 기독교의 근간에 자리 잡
고 있다. 토마스 아 켐피스 역시 그러한 당혹감을 느꼈
고, 잘 알고 있었으며, 그리하여 이렇게 말하고 있다.

> "자기를 부인하고, 자기 십자가를 지고 나를 따
> 르라."(마태복음 16:24 참조) 예수께서 제자들
> 에게 하신 이 말씀은 사실 참 이해하기 어려운
> 말입니다. 또한 "저주를 받은 자들아, 나를 떠나
> 영원한 불로 들어가라"(마태복음 25:41 참조)
> 고 하신 예수님의 마지막 말씀은 이해하기가 더
> 욱 어렵습니다.[5]

5   켐피스, 앞의 책, 115쪽.

이 중세의 수도사는 서둘러 "그러나 십자가의 말씀을 기꺼이 따르는 사람은 영원한 형벌에 처해지는 것을 두려워하지 않을 것"[6]이라고 수습하지만, 마태복음의 해당 구절을 읽어 보면, 예수의 저 발언은 문자 그대로 해석하는 편이 옳다. 자신의 오른편에 있는 사람들을 향해 축복을 하고, 왼편에 앉은 이들에게 저주를 내린 것이다. 사형 판결과 집행을 앞둔 정치범의 초조함이 느껴지기도 하는 대목인데 토마스 아 켐피스의 해석은 그와 정반대다. '내 편이 아닌 놈들은 나가 죽어라'는 이야기를, '죽음을 무릅쓰고 나를 따르라'고 읽고 있는 것이다.

　지금 우리들의 눈에도 뻔히 보이는 이런 내용을 당시 사람들이 몰랐을 것이라고 생각하는 것은 오만한 발상이다. 가령 창세기에는 야훼가 엿새 동안 세상을 만들고 하루는 쉬었다는 이야기가 나오는데, 만약 그 신이 그토록 전지전능하다면 왜 세상을 만드는 데 그렇게 오랜 시간이 걸리겠는가? 이러한 의문은 기독교의 초창기부터 제기된 것이었으므로, 초기 교회의 교부들은 '그것은 인간이 이해할 수 없는 신비로운 과정을 납득시키기 위한 은유'라는 설명을 끌어내지 않을 수 없었다.

　'인간 예수'의 행적과 언행 역시 마찬가지다. 그

6　같은 곳.

것을 있는 그대로, 문자 그대로 이해하고 해석하려는 시도는 언제나 한계에 부딪힌다. 성경의 내용을 복원하여, 심지어 배우들에게는 당시의 언어인 아람어로 연기하도록 강요하면서까지 멜 깁슨이 만들어낸 「패션 오브 크라이스트(*The Passion of the Christ*)」(2004)는 결국 한 젊은이를 로마 병사들이 매질하는 가학 포르노에 지나지 않았다. 역사적 인물, 사건, 배경, 결과 등을 향해 해상도의 비율을 높혀갈수록 오히려 '예수의 얼굴'은 흐릿해져만 갔던 것이다.

그럼에도 불구하고 요한복음에는 "내가 너희를 사랑한 것처럼 너희도 서로 사랑하여라"라는 말씀이 남아 있고, 사도 바울 또한 "내가 그리스도를 본받는 것처럼 여러분도 나를 본받으십시오"라고 했으니, 기독교 신자들은 어떻게든 예수를 본받아야만 했다. 하지만 정작 그 예수에 대해 명확하고 구체적인 그림을 손에 넣으면 넣을수록, 그리스도를 본받는 일은 점점 더 불가능한 무언가가 되어갔다.

5

19세기부터 20세기까지 인류의 지적 토대는 심대한 변화를 겪었다. 성경에 대한 문헌학적 이해가 늘어났고, 유클리드 기하학을 넘어서는 기하학이 출현하였으며, 모든 신학적 논증의 바탕에 깔려 있던 아리스토텔레스의 삼단논법을 뛰어넘어, 현대의 논리학자들은 양상논리학(Modal logic)을 개발했다. 가장 결정적으로, 다윈이 1859년 『종의 기원(*On the Origin of Species by Means of Natural Selection*)』을 펴냈다.

인류는 그들이 여태까지 알고 있던 것을 뛰어넘는 지식을 손에 넣었다. 그 이전까지 성경의 권위라든가, 유클리드 기하학의 완벽함이라든가, 삼단논법의 확고함은 개별적인 지식이 아니라 모든 지식을 성립하게 해주는 토대의 역할을 하고 있었다. 토마스 아퀴나스가 이교도들에 맞서 삼위일체의 신비를 옹호할 때, 그는 성경의 구절을 인용하며 삼단논법에 의거해 논증을 펼쳐나갔다. 그렇게 증명된 신의 영광은 유클리드 기하학에 의거해 세워지는 성당의 높은 첨탑으로 물화되는 것이었다. 어떤 지식은 다른 지식보다 훨씬 더 확실하고 타당하며 심지어 윤리적으로도 올바른 것이었다는 말이다.

그것들마저도 전체 지식 체계의 일부로 강등되어 버렸다는 것은, 인류에게 '앎이란 무엇인가'라는 질문을 다시 던질 수밖에 없게 하는 효과를 낳았다. 모든 종류의 지적 체계를 지적이면서 동시에 윤리적인 방식으로 포섭해낼 수 있는 상위의 지적 체계는 존재하지 않는다. 물론 아직도 어떤 과학자들은 '최종 이론의 꿈'을 꾸지만 말이다. 세계에 대한 인식 체계와 함께, 세계 그 자체도 총체성을 상실했다. 대상을 특정하고, 측정하며, 분석하고, 실험하여 수치로 환산해내는

것이 근대 과학의 방법론이라면, "자연 연구의 실험에
상응하는 역사 기술적 정신과학은 사료 비판"[7]인 것이
다. 그리하여 신이 세상을 만들고, 그 신이 인간이 되
어 세상에 왔다가 죽었다는 이야기가 담긴 책을 읽는
방법마저도, 그렇게 '과학화'되었다. 영국의 정치사상
가 존 그레이는 과학적 인식과 성경 해석의 관계를 다
음과 같이 설명한다.

> 사상사에서의 통념과는 달리, 다윈주의가 종교
> 에 위협이 된 주된 이유는 성경의 창조론에 도
> 전했기 때문이 아니었다. 한두 세기 전까지만
> 해도 창세기 이야기는 다른 방식으로는 다가갈
> 수 없는 진실들에 접근하는 시적인 방식이라고
> 간주됐던 것이다. 기독교 초창기에 아우구스티
> 누스는 직해주의의 위험을 경고했다. 아우구스
> 티누스는 이전의 유대 율법학자들도 언제나 창
> 세기를 다른 방식으로는 접근할 수 없는 진실에
> 대한 은유로 여겼다. 신화였던 창세기 이야기가
> 어떤 현상의 실제 원인을 설명하는 '이론'으로
> 오해받기 시작한 것은 근대 과학이 발흥하면서
> 부터였다.[8]

7   M. 하이데거, 『세계상의 시대』, 최상욱 옮김, 서광사, 1995년,
27쪽.
8   존 그레이, 『불멸화 위원회』, 김승진 옮김, 이후, 2012년, 29쪽.

지구의 나이는 성경에서 설명된 천지창조보다 오래전
으로 거슬러 올라간다고 조롱하는 이들은 스스로 근
대적이고 과학적인 사고방식을 가지고 있다고 생각하
게 마련이다. 그 반대편에서 모든 화석은 날조된 것이
라고 우기는 열렬한 기독교 신자들은 자신들의 믿음
이 기원후 1세기 무렵의 초기 기독교 신자들의 그것과
상당히 닮은꼴일 것이라 믿어 의심치 않는다. 두 가지
인식 모두 근대적이며, 근대적 인식의 한계를 잘 보여
주고 있다.

6

아무튼 성경을 읽는 방식이 달라졌으니 그 성경의 주
인공을 바라보는 시각 또한 급변하지 않을 수 없었다.
'인간 예수'가 누구인지 문헌적으로 탐구하던 신학자
겸 의사이자 파이프오르간 연주자 겸 바흐 연구자였
던 알베르트 슈바이처는, 예수처럼 30세가 되던 해에
아프리카의 밀림 속으로 뛰어 들어갔다. 이 지고지순
한 자기희생 역시, 앞서 우리가 이야기한 바, 지극히
근대적이다. 그는 신약성서를 문자 그대로 읽고 일종
의 인생 가이드로 활용한 것이다.

        그러나 정작 신학자 슈바이처의 연구는 대단히
도발적이었다. 그는 예수가 스스로를 메시아로 인식
하고 있지 못했을 것이라고 주장했다. 예언자로서의
행보가 뜻대로 풀리지 않자 예루살렘을 '들이받고' 죽

는 길을 택한 일종의 종말론자라고 보았다. 그래서 슈
바이처가 아프리카로 가겠다고 나섰을 때, 파리 선교
사협회는 슈바이처에게 '당신은 기독교인인가'라는
질문을 던져 사상 검증을 했고, 선교 활동을 하지 않고
오직 의료 봉사만을 한다는 조건하에 그를 가봉으로
보냈다.

　　자기 자신을 헌신하며 이웃 사랑의 길로 나섰
고, 기존의 종교가 가지고 있었던 권위를 땅에 떨어뜨
리기도 했으니, 종합적으로 볼 때 그는 어쩌면 철저하
게 그리스도를 본받아 살아간 것일지도 모르겠다. 아
무튼 슈바이처가 본격화한 '역사적 예수'에 대한 탐구
는 신약성서를 급속도로 탈신비화했다. 성경을 줄줄
외우고 있으면서도 그 내용을 본문과 다르게 해석하
면서 그리스도를 본받자고 하는, 토마스 아 켐피스적
인 독해는 이제 발 디딜 곳을 잃어버린 것이다.

　　이것은 비단 슈바이처만의 문제가 아니었다. 슈
바이처가 태어난 유럽, 정확히 말하자면 교양 있는 부
르주아들의 그 '유럽'은 두 차례의 전쟁을 거치며 완전
히 다른 곳으로 거듭났다. '유럽인'들 또한 예전과 같
을 수 없었다. 20세기 초 활동한 분석철학자이며 윤리
학자였던 G. E. 무어는 '예수라면 이 상황에서 어떻게
했을까?'라는 질문을 폐기하고, 대신 'G. E. 무어라면
어떻게 해야 할까?'라고 스스로에게 묻기 시작했다.
가장 인간다운 삶에 도달하기 위해, 인간으로 태어났

던 신을 닮고자 했던 거대한 지적 운동이, 반환점을 도
는 순간이었다.

7

G. E. 무어가 삶의 기준으로 삼았던 G. E. 무어, 즉 '나
자신'의 표상에 대해 잠시 생각해보자. 그것은 존재론
적으로 대단히 허약한 기반을 지니고 있다. 나는 누구
인가, 나는 무엇인가, 기타 등등 '나'를 목적어로 삼는
질문을 스스로에게 던져 보면 확실해진다.

　그 질문에 대해 문법적으로 타당한 대답을 내놓
기 위해서는 '나'에 속하지 않는 어떤 외부의 대상을
지칭해야만 한다. 예컨대 '나는 노정태다'라고 한다면,
나는 나를 구성하는 요소 중 하나로 '노정태'라는 고유
명사를 제시하고 있는 것이다. 물론 이 글을 쓰는 나의
이름은 '노정태'이지만, '나'와 '노정태'는, 궁극적인
차원으로 내려가면 같지 않다. 왜냐하면 '나'는 주체로
서의 나이고, '노정태'는 사람들이 '나'를 지칭할 수 있
도록 부여한 하나의 기호이기 때문이다. '나'는 '노정
태'라고 불리지만, '노정태'에 '나'의 모든 것이 담겨 있
지는 않다.

　즉 우리는 아무리 최선을 다해도 스스로에 대한
완전한 정의를 제시할 수 없다. 밑 빠진 독에 물 붓기
같은 것이다. 모든 설명은 불완전하다. 그러므로 이스
라엘 백성들을 향해 그들의 신이 누구냐고 설명해야

할지 모세가 야훼에게 묻자, 전지전능한 창조주는 이렇게 대답하는 것이다. "나는 곧 나다."[9] 그에 대한 부연 설명은 이렇다. "너는 '나를 너희에게 보내신 분은 나다—라고 하시는 그분이다' 하고 이스라엘 백성에게 일러라."[10] 이것은 동어반복이기에 완벽한 설명이다. 반대로, 우리는 '나는 나다'라는 동어반복을 하지 않는 한, 자기 자신에 대한 완벽한 설명을 제시할 수 없는 것이다.

그렇다면 G. E. 무어는 G. E. 무어를 삶의 표준으로 삼을 수 있을까? 물론 불가능하다. 왜냐하면 그것은 동어반복이며, 현실적인 차원에서 아무런 기준이 되어주지 못하기 때문이다. 나는 내가 아닌 누군가, 내가 아닌 무언가를 추구하고 모방해야 비로소 '나'의 행위를 할 수 있다. 한국 드라마의 등장인물들은 언제나 상대방에게 '이건 너답지 않아'라고 따지고, 그 상대방은 '나다운 게 뭔데?'라고 되묻는다. 바로 그런 것이다. '나는 나다', '너는 너답다' 같은 말은 구체적인 행위와 목표와 허용과 금기를 제시하지 못한다.

'나 자신'을 조금 넘어서서 '내 주변 사람들'을 행위의 척도로 삼을 경우 문제는 조금 더 심각해진다. 우리는 특별한 정신적 노력을 기울이지 않고도, 그

9 출애굽기 3:14.
10 같은 곳.

저 사회적 생활과 생존을 지키고자 하는 목적만으로
도, 충분히 타인을 모방하고 그렇게 배운 지식을 바탕
으로 살아간다. 본인이 속한 집단 내에서 그들이 하는
말, 그들의 행동 양식 등을 적당히 따라 하면, 농경사
회가 아닌 현대 산업사회에서도 큰 무리 없이 평온한
삶을 누릴 수 있다. 그냥 남들 하는 대로 하면 된다. 굳
이 말해 보자면, 인류는 그런 쪽으로 진화해왔다.

　　하지만 과연 그게 '올바른' 삶일까? 남들 하는
대로, 둥글둥글 물 흐르듯이 사는 게 과연 옳을까? 그
럴 때도 있겠지만 아닐 수도 있으며, 그렇게 '분위기'
를 거스르고자 할 때 우리는 큰 용기를 필요로 한다. 그
리고 많은 경우 그러한 용기는 내가 아닌 누군가, 나와
똑같지 않고 아무리 노력한다 해도 동등한 반열에 오
를 수 없는 누군가를, 그럼에도 불구하고 모방함으로
써 현실화된다. 가령 에드워드 스노든은, 구체적으로
무엇인지는 알 수 없는 어떤 게임들의 주인공 캐릭터
의 선택과 행동을 떠올리며, NSA의 무차별적 도청 및
감청을 폭로했던 것이다.

　　스노든이 비디오게임에 푹 빠졌을 때 배운 교
훈은 바로 단 한 사람이, 심지어 가장 힘없는 사람일지
라도 거대한 불의에 맞설 수 있다는 사실이었다. "주
인공[Protagonist]은 흔히 평범한 사람입니다. 자신이
심각한 불의를 저지르는 강력한 세력과 맞서고 있다
는 사실을 깨닫고 두려움에 차서 도망가거나, 아니면

신념을 위해 싸워야 하는 선택에 직면하게 되죠."[11]

8

주체의 빈자리는 결코 그냥 채워지지 않는다. 인간은 인간을 모방하지 않는 한 결코 인간일 수 없다. 문제는 그 모방의 대상이 누구냐이다. 최종적으로 자신이 모방하고자 하는 누군가를 명시하는 것은, 자아를 구축하기 위한 소실점을 부여하는 것이다. 스노든을 인터뷰한 글렌 그린월드는 안타깝게도 그 게임 캐릭터가 무엇인지 책에 명시해놓지 않았는데, 아무튼 그렇다. 1982년에 태어나 대학 졸업장도 없이 NSA의 시스템 관리자가 되어, 사상 최대의 문서 유출 사태를 만들고 그들의 도청 내역을 폭로한 희대의 내부 고발자는, 어떤 게임의 어떤 캐릭터를 정신의 소실점으로 삼고 있었다.

    진지하게 생각해보면 이것은 퍽 우스운 광경처럼 보이기도 한다. 가령 피치 공주를 구하기 위해 쿠파와 싸우는 마리오를 스노든의 '영웅'에 대입해보면 헛웃음이 난다. 우리는 너무도 많은 문화적 생산물을 생산하고 또 소비하고 있다. 자신의 '히어로'가 누구인지 구체적으로 꺼내 드는 순간, 우리는 시쳇말로 '손발이

11 글렌 그린월드, 『더 이상 숨을 곳이 없다』, 박수민·박산호 옮김, 김승주 감수, 모던타임즈, 2014년, 75쪽.

오그라드는' 경험을 하게 될 것이다. 대중문화 속의 영 웅이 신화 속 영웅과 같은 역할을 할 것이라던 이류 신 화학자 조셉 켐벨의 자기실현적 예언은 그런 의미에 서 옳지만 틀리다. 왜냐하면 그 영웅들은 신성함의 아 우라를 갖지 못하기 때문이다.

그럼에도 불구하고 모방의 대상을 찾고자 하는 인간의 본능은 그 작동을 멈추지 않는다. "스노든 세 대에게는 정치적 의식, 윤리적 사유, 세상에서 자신이 차지한 자리를 이해하고 그런 의식을 형성하는 데 있 어서 비디오게임이 문학이나 텔레비전과 영화만큼이 나 큰 역할을 해왔"[12]고 글렌 그린월드는 설명한다. 전원을 끄면 사라지는 영웅, 신성함의 광휘를 두르지 도 못하는 신화적 존재를, 그럼에도 불구하고 21세기 가 된 오늘날까지도 본받으려 하는 것이다.

어떠한 존재를 모방하는 것이 인간 주체의 근본 적 요소임을 받아들이고, 우리 인류에게는 언제 태어 나 죽었는지도 모르는 고대 이스라엘의 종교 지도자 뿐 아니라 TV 드라마의 주인공, 심지어는 게임의 캐 릭터까지도 자아의 거푸집으로 삼을 수 있는 적응 능 력이 있음을 선선히 인정해보자. 그렇다면 현실 속의 누군가를 그러한 소실점의 위치에 올려놓는 것 또한 불가능한 일이 아닐 것이다. 물론 현실의 인간은 가까

12 같은 곳.

이에서 바라보면 바라볼수록 많은 결점이 드러나고, 나의 모방의 대상과 내가 지니고 있는 다양한 현실적 여건의 차이가 도드라지며, 그러한 차이를 망각하는 것은 '주제 파악'의 실패로 이어질 우려가 크다.

그러나 그 또한 인간이기에, 마치 역사적 연구가 이루어지기 전의 예수처럼, 소실점을 향해 멀리 배치하면 배치할수록, 태어나고 살다가 죽었다는 사실만이 남게 될 것이다. 그 거리 감각을 유지하면서도 스스로의 마음속에 떠 있는, 경탄을 불러일으키는 별과 같은 존재를 스스로 더럽히려 들지 않는, 신성함에 대한 순수한 경외심이 오늘날의 우리에게는 절실한 것처럼 보인다.

9

만약 그런 사람이 실제로 있었다면, 예수는, 태어났고 살아갔으며 죽었다. 니케아에 모인 교부들은 이러한 인간의 거푸집 속에 전지전능한 신을 우격다짐으로 집어넣은 학설을 정통 교리로 선포하고, 받아들이지 않는 자들을 이단으로 규정했다. 이러한 신학적 억지를 통해 "내가 너희를 사랑한 것처럼 너희도 서로 사랑하"라는 요한복음의 계명은 수호될 수 있었다. 비로소 예수그리스도는 본받을 수 있는 존재가 되었다. 기독교 신자들은 완전한 이해에 근거한 불완전한 사랑보다는 불완전한 이해에 근거한 완전한 사랑을 기꺼이

택하며, 성경을 '비과학적'으로 읽어왔던 것이다.

　　어쩌면 그것이야말로 단호한 이성적 태도였을
지 모른다고 나는 생각한다. 로마제국은 기울어지고
있었고, 기존의 다신교적 윤리 체계는 한계에 이르렀
다. 로마의 법은 로마의 군대가 닿는 곳까지 적용되고
있었는데, 그 로마의 군대를 게르만인들이 채워 넣고
있었다. 성 아우구스티누스가 세상을 떠난 다음 해인
기원후 431년에 그의 도시였던 히포가 반달족에게 점
령되었다. 그로부터 고작 45년 후인 기원후 476년, 서
로마제국이 멸망한다. 라틴어를 할 줄 아는 수도사들
은 새로운 점령자인 게르만족들을 향해, 예수를 믿지
않으면 지옥에 가지만, 그 예수는 인간을 사랑한 나머
지 인간의 육체를 뒤집어쓰고 세상에 내려와 십자가
에 못 박혀 죽었다는 이상한 이야기를 가르치며, 문명
의 잔해들을 지켜나갔다.

　　우리가 당위적인 것으로 여기는 질서의 이면에
폭력이 자리 잡고 있음을 그저 사실로 받아들일 수 있
다면, 이성적인 판단과 행위의 이면에서 작동하고 있
는 어떤 결단의 존재를 부인할 수도 없을 것이다. 우리
모두는 그런 시험의 순간을 피하고 싶어 하지만 결국
은 피할 수 없다. 그럴 때 우리는 최종적으로, 너무도
추상적이지만 그렇기 때문에 아름답게 보이는, 인간
의 소실점에 의존하게 된다. 개인으로서의 인간이 되
기를 포기하지 않는다면 그 대상의 이름은 무엇이 되

어도 좋다. 그저 함께 용기를 내자는 것이다. 예루살렘
의 신전을 향하던, 그리스도를 본받아.

탄탈로스의 신화

나는 또 탄탈로스가 심한 고통을 당하고 있는 것
도 보았소. 그는 못 안에 서 있는데 물이 그의 턱
밑까지 닿았소. 그는 목이 말라 물을 마시려 했
으나 물을 떠 마실 수는 없었소. 노인이 마시기
를 열망하며 허리를 구부릴 때마다 물이 뒤로 물
러나며 사라지고 그의 두 발 주위에는 검은 땅
바닥이 드러났으니 어떤 신께서 물을 말려버리
셨기 때문이지요. 그리고 그의 머리 위에는 배
나무, 석류나무, 탐스러운 열매가 달린 사과나
무, 달콤한 무화과나무, 한창 꽃이 피어 있는 올
리브나무 같은 키 큰 나무들에 열매가 주렁주렁
매달려 있었소. 하나 노인이 그것들을 잡으려고
손을 내밀 때마다 바람이 그것들을 그늘 지어주
는 구름 위로 쳐 올리는 것이었소.
— 『오뒷세이아』, 제11권, 582~592행.[1]

---

1   호메로스, 『오뒷세이아』, 천병희 옮김, 숲, 2006년, 262쪽.

1

10년간 지속되었던 트로이전쟁이 승리로 끝났지만 오디세우스[2]는 집에 돌아가지 못했다. 바다의 신 포세이돈의 노여움을 샀기 때문이었다. 이타케의 왕인 오디세우스는 오직 배를 타고 바다를 항해해야 귀향할 수 있는데, 그 바다의 신이 오디세우스를 곱게 보고 있지 않았던 것이다. 『오뒷세이아』는 바로 이렇게, 극도로 단순한 주제하에, 주인공을 하염없이 방랑시키며 그가 보고 듣고 겪은 것들을 총망라하는 대서사시이다.

　　『오뒷세이아』와 『일리아드』의 저자라고 알려진 호메로스는, 전설 속에서 묘사되고 있는 한 사람의 장님 음유시인이 아니다. 오늘날의 발달된 문헌학적 연구에 따르면 두 편의 서사시에 속하는 내용들은 짧게는 수십 년에서 길게는 수백 년의 시간적 격차를 보여준다. 고대 아테네가 도시국가로서 꼴을 갖춰가던 어느 시점에, 그 지방에 사는 거주민들과 관련된 수많은 전승이 모여들었을 것이다. 물론 그 과정에서 어떤 탁월한 음유시인이 결정적인 역할을 했을 수도 있겠

2　천병희가 옮긴 『오뒷세이아』는 '오디세우스'를 '오뒷세우스'로 표기하는 등, 고대 그리스어를 원음에 가깝도록 적고 있다. 한편 김화영이 옮긴 『시지프 신화』는 우리에게 시지프스라 알려진 고대 그리스신화 속 주인공을 '시지프'로 적고 있다. 각각의 경우, 인용할 때에는 원문을 따른다. 하지만 본문에서는 널리 알려져 있으며 표준적으로 통용되는 그리스신화의 이름을 사용했다.

다. 어쩌면 그 음유시인은 탁월한 기억력과 문학적 재능을 통해 스스로 신의 자리에 올랐어야 했을 것이다. 하지만 그는 인간의 위치에 남았고, 대신 다른 모든 신들의 전설이 그의 입을 통해 후대에 알려지게 되었다.

   탄탈로스의 신화 또한 『오뒷세이아』를 통해 우리에게 전해지고 있다. 방랑하던 오디세우스는 이미 죽어서 저승에 와 있는 테이레시아스에게 길을 묻고자 한다. 그래서 저승에 왔다. 거기서 그는 옛 전우 아킬레우스를 만나고, 또 그보다 앞서 세상을 떠난 여러 영웅들의 모습을 목격하게 된다. 제우스가 요정 플루토와의 사이에서 낳은, 다른 전설에 따르면 리디아의 왕이었다는 탄탈로스 역시, 이미 죽어 저승에 와 있었다. 그가 무슨 죄를 지었는지 『오뒷세이아』에는 나오지 않는다. 아무튼 탄탈로스는 목이 말라도 물을 마실 수 없고, 배가 고파도 열매를 먹을 수 없는, 영원한 허기와 갈등의 형벌을 겪고 있는 중이었다.

2

『오뒷세이아』는 고대 그리스의 신화를 총망라하고 있는 책이니만큼, 이렇게 의미심장하고 난해한 형벌을 당하는 영웅이 딱 한 사람만 등장하지는 않는다. 우리에게 너무도 잘 알려진 또 한 명의 영웅이 '부조리'한 벌을 받고 있는 것이다. 그의 이름은, 충분히 예상 가능하다시피, 시지프스다. 고통 받는 탄탈로스의 뒤를 이

어 곧장 시지프스의 이야기가 등장한다. 무거운 돌을
산꼭대기 너머로 밀어 올리려 하면 다시 굴러떨어지
고, 그리하여 끝없이 노역을 해야 하는, 알베르 카뮈가
『시지프 신화』의 모티브로 차용하여 유명해진 바로
그 시지프스 말이다. 오디세우스는 이렇게 노래한다.

> 나는 또 시쉬포스가 심한 고통을 당하고 있는
> 것도 보았소. 그는 두 손으로 거대한 돌덩이를
> 움직이고 있었소. 그는 두 손과 두 발로 버티며
> 그 돌덩이를 산꼭대기 너머로 밀어 올렸소. 그
> 러나 그가 그 돌덩이를 산꼭대기 너머로 넘기려
> 고 하면 그 무게가 그를 뒤로 밀어내는 것이었
> 소. 그러면 그 뻔뻔스런 돌덩이가 도로 들판으
> 로 굴러 내렸고 그러면 또 그는 기를 쓰며 밀었
> 소. 그의 사지에서는 땀이 비 오듯 흘러내렸고
> 그의 머리 위로는 먼지가 구름처럼 일었소.
> ─『오뒷세이아』, 제11권, 593~600행.[3]

오디세우스가 저승에서 본 광경 가운데 이 두 사람, 즉
탄탈로스와 시지프스가 겪는 고통은 묘한 대구를 이
룬다. 그 앞뒤로 나오는 이야기들은 이처럼 형식상으
로도 완결된 대구를 이루고 있지 않다. 탄탈로스보다

---

3   호메로스, 앞의 책, 263쪽.

앞서 등장하는 가이아의 아들 티튀오스는 그저 땅에
묶여 독수리들에게 내장을 쪼아 먹히고 있을 뿐이며
(프로메테우스처럼 장기가 영원히 재생된다는 이야기
는 없다), 뒤이어 나오는 헤라클레스는 불사신들 사이
에서 술과 연회를 즐기고 있기에, 오디세우스의 눈에
비치는 것은 헤라클레스 본인이 아니라 그의 환영에
지나지 않는다. 즉 탄탈로스의 신화와 시지프스의 신
화는 내용상, 형식상으로 독립되어 서로 짝을 이루고
있는 셈이다.

　　카뮈는 『시지프 신화』에 속하는 내용을 먼저 떠
올렸을까, 아니면 '시지프스 신화' 자체를 고민하던 중
『시지프 신화』의 주제를 연상하게 되었을까? "참으로
진지한 철학적 문제는 오직 하나뿐이다. 그것은 바로
자살이다"[4]라는 저 유명한 첫 문장은, 시지프스 신화
로부터 튀어나온 것일까, 아니면 저 주제를 표현하기
위해 시지프스 신화를 끌어들인 것에 지나지 않을까?
명확한 해답은 불문학자들만이 알고 있을 것이지만,
이제 우리는 인간이 겪는 '부조리'의 신화적 표현 가운
데, 카뮈가 알지 못했거나 알았더라도 그다지 염두에
두지 않았던 나머지 반쪽을 알게 되었다.

　　영원히 고통 받는 시지프스처럼, 영원히 고통

4　알베르 카뮈, 『시지프 신화』(개정판), 김화영 옮김, 책세상,
2012년, 15쪽.

받는 탄탈로스가 있다. 우리는 한쪽의 고통은 잘 알지
만 다른 쪽에 대해서는 거의 모른다. 영원한 노역과 끝
없이 비탈길을 올라야 하는 고통에는 친숙하지만, 먹
지도 마시지도 못할 것들을 바라만 봐야 하는 그런 종
류의 고통에 대해서는 특별히 고민을 해본 적이 없었
던 것이다.

3

문학적, 철학적 비약을 감행하지 않고 있는 그대로 두
신화를 붙여놓고 읽어본다면, 이것은 그저 평범한 인
간 조건에 대한 서술로 보인다. 먹고 마시기 위해, 즉
육체적 생존을 유지하기 위해 늘 허덕거려야 하는 그
것이 인간이다. 오늘도 일하고 내일도 일하고 죽어서
까지도 영원히 굴러떨어지는 돌을 밀어 올려야 하는
그것이 인간이다. 생존과 노동, 노동과 생존. 우리가
죽음이 예정되어 있는 인간으로 태어난 이상 절대 벗
어날 수 없는 조건들.

　　　이미 카뮈는 시지프스의 신화를 읽으며 그를
"신들 중에서도 프롤레타리아요 무력하고도 반항적
인 시지프"[5]로 호명한 바 있다. 다시 굴러떨어진 돌을
향해 "바로 저 정상에서 되돌아 내려오는 걸음, 잠시
동안의 휴식 때문에 특히 시지프는 나의 관심을 끄는

5　위의 책, 186쪽.

것"[6]이라고 카뮈는 말한다. 카뮈가 시지프스를 끌어들여 말하고자 하는 바는 실존주의에 대한 이해가 없는 사람에게도 금세 호소력을 발휘할 수 있을 것이다. 매일같이 고작 일일 뿐인 무언가를 마치고, 굴러떨어진 바위를 향해 터덜터덜 내려가는 발걸음은 곧 우리의 일상이기도 하다. 시지프스의 신화를 이해하는 데에는 그리 큰 개념적 비약이 필요하지 않은 것이다.

　　탄탈로스의 신화는 다르다. 오늘날 우리는, 원하는 것은 무엇이든 얻을 수 있고, 뜻하는 것은 무엇이든 이룰 수 있는 세상 속에 살고 있지 않은가? 한국인이니까 북한을 갈 수는 없다고 하더라도, 이제 세상 그 어디가 되었건, 우리는 갈 수 있다. 뉴욕, 파리, 런던의 최신 유행이 서울에 동시에 착륙한다. 코카콜라의 다이아몬드 생수가 한때 '미국물'의 상징이었다는 것을 최근에 알고 깜짝 놀랐다. 국내에도 정식으로 유통되고 있기 때문이다. 대한민국 서울에 사는 젊은 소비자들이 미국 시차에 맞춰 인터넷으로 추수감사절 세일을 즐기는 모습은 그 어떤 위화감도 불러일으키지 못한다. 아마존은 한국 소비자들을 위해 특별히 배송료 무료 세일을 선사한다.

　　오늘날, 탄탈로스의 턱 밑까지 닿은 물은 도망가기는커녕 우리의 목구멍을 향해 마구 달려들고 있

6　위의 책, 185쪽.

다. 나뭇가지에 열려 있는 열매들은 채 익지도 않은 채 우수수 떨어진다. 그럼에도 불구하고 우리는 탄탈로스의 신화가 인간의 조건, 따라서 우리가 처한 조건 그 자체를 보여주고 있음을 부인할 수 없다. 먹고살 만해진 나라에 살면서, 5년에 한 번씩 자기 손으로 대통령을 뽑을 수 있고, 앉은 자리에서 전 세계의 소식을 보고 들으며 여행을 다니고 물건을 구입할 수 있는 우리는, 그럼에도 불구하고 여전히 탄탈로스인 것이다.

4

카뮈는 탄탈로스의 신화를 고민할 필요가 없었다. 그는 1942년, 즉 제2차 세계대전이 한창이던 무렵, 프랑스 남부의 괴뢰정권인 비시 프랑스의 함락을 목격하며 『시지프 신화』를 썼기 때문이다. 삶과 죽음의 거리가 그리 멀지 않았던 탓에, 죽고 싶어도 죽을 수 없는 영원한 결핍과 빈곤은, 도저히 '문제'로 와 닿지 않았을 것이다. 독일군을 몰아내야 하고, 전쟁을 승리로 이끌며 끝내야 하고, 프랑스를 되살려야 하는 등, 저 높은 곳을 향해 굴려야 할 거대한 바위가 많기도 했다.

그의 독자들 또한 탄탈로스의 처지에 고개를 끄덕일 필요도 이유도 없었다. 사실상 실업률이 0퍼센트에 가까웠던 세상을 살던 전후 세대의 젊은이들에게 탄탈로스의 신화가 무엇을 어떻게 호소할 수 있단 말인가. '프랑스'가 아닌 '불란서'의 실존철학으로 카뮈가 수입되었던, 이 제3세계의 실질적 섬나라의 경우라면 더더욱 그렇다.

물론 한국은 가난한 나라였지만 가난에서 벗어나고 있는 나라이기도 했다. 돌을 굴려 올리는 역동적인 피로와 고통이 아니라, 그 무엇에도 손과 입이 닿지 않는 무언가를 향한 수동적인 공허와 결핍이라니. 만약 그것이 경제적 차원의 결핍을 의미한다면, 탄탈로스 신화는 그저 게으름뱅이 노친네의 헛소리에 지나지 않는다. 반면 그것이 문화적 차원으로 받아들여진다면, 그것은 그저 '갈 수 없는 저 머언 이국에 대한 동경'쯤으로 격하되어, 뭇매를 맞지나 않으면 다행일 터였다.

하지만 이제 우리의 고통은 시지프스적인 것이 아니라 탄탈로스적인 것에 더욱 가까워졌다. 저 높은 정점을 향해 돌을 밀어 올리는, 파괴될지언정 무언가를 건설해나가는 그런 달콤한 근육통은 우리에게 허락되어 있지 않다. 대신, 하루 종일 일하고 번 돈으로 월세 내고 빚 갚고 나면, 간신히 하루의 필요 칼로리를 추가 섭취하며 더불어 몇 배의 나트륨을 축적하지 않을 수 없는 그런 기나긴 빈곤의 삶이 우리를 기다리고 있다. 왕년의 시지프스들이 은퇴를 하고 나면, 대부분의 청년들은 그들의 부모와 함께, 탄탈로스적 삶을 살 수밖에 없을 것이다. 허우적거리고 팔을 휘저어 간신히 유지되는 삶 말이다.

5

경제적 측면뿐 아니라 문화적, 정신적 측면에서도 그렇다. 카뮈의 시지프스는 부조리 속에서 행복을 느낀다. "그의 운명은 그의 것이다. 그의 바위는 그의 것이다. 이와 마찬가지로 부조리한 인간이 자신의 고통을 응시할 때 모든 우상들은 침묵한다."[7] 부조리를 끌어안고 저 높은 곳으로 돌을 굴려 올라가는 시지프스. "우리는 항상 그의 짐의 무게를 다시 발견한다. 그러나 시지프는 신들을 부정하며 바위를 들어 올리는 한 차원 높은 성실성을 가르친다."[8]

오늘날의 우리가 맞닥뜨린 이 영원한 입시 경쟁, 수험 생활, 대기 발령, 비정규직, 파견 근무의 삶 속에서, "신들을 부정하며 바위를 들어 올리는 한 차원 높은 성실성"은 어떤 구체적인 의미를 지닐 수 있는가? 부서질 줄 알면서도 만들고, 망가질 줄 알면서도 시동을 걸고, 식어버릴 줄 알면서도 사랑하는, 그 모든 것을 가능케 하는 원동력이 바위처럼 굴러떨어진 지금, 우리는 탄탈로스의 연못 속에 처박혀 있다.

이제 고개를 들어 나뭇가지를 바라보자. 오늘날의 탄탈로스에게는 나무에 열리는 열매뿐 아니라, 세상에 존재하는 모든 것들이 전부 손 안에 있다. 오사마

---

7 위의 책, 188쪽.
8 같은 곳.

빈 라덴이 은신해 있던 파키스탄의 대저택부터 평양 학생소년궁전까지, 우리는 그 모든 금단의 영역들을 위성사진으로 관찰할 수 있다. 내가 '좋아요'를 눌러주기를, '리트윗'해주기를 기다리는 세계의 비극이 끊이지 않고 벌어지지만, 우리가 열광하고 환호해주기를 바라는 귀여운 고양이와 강아지들은 이 지구상에 더욱 많다. 온 세상이 손바닥 안에 있지만, 그것들은 전부 스마트폰 해상도 크기의 이미지일 뿐, 그 무엇도 아니다. 우리, 탄탈로스들은, 모든 것들을 '터치'할 수 있다. 하지만 그것들은 모두 우리의 손이 닿는 곳 바깥에 존재한다.

고개를 숙여 물을 마시고자 한다면, 우리는 그 물이 도망가기는커녕, 머리 꼭대기까지 차오르고 있다는 사실을 금세 알게 된다. 생산과 소비에 있어서 국경이 무의미해지고, 이미지와 영상이 동시적으로 넘나들고 있다. 홍수가 난 것이다. 탄탈로스가 서 있는 연못은 이제 더 이상 본래의 마법을 유지하지 못한다. 어디에선가 흘러드는 싯누런 흙탕물이 격류를 이루는 가운데, 우리가 동경해왔던 먼 세계의 아름다운 것들이 맥락 없이 마구 떠내려온다. 드디어 동아시아 끄트머리의 제3세계에 사는 우리에게도 충분한 구매력이 생겼고, 그 '아름다운 것'들을 구입하여 손에 넣을 수 있다.

그렇다면, 내 손에 들어올 수 있는 '이것'은, 내

가 꿈꾸고 동경하던 '그것'인가? '이것'을 내가 가질 수
있다는 사실은, 이미 '이것'이 '그것'이었던 시절의 아
우라를 상실했다는 것을 증명하고 있지 않은가? 당신
과 나, 21세기 냉전 이후 후기자본주의 사회를 살아가
는 탄탈로스들에게, 과연 '진짜-진짜'를 소유하는 일
은 가능한가? 우리가 가질 수 있는 것은 정품이지만
그 맥락에서 뜯겨져 나온 '가짜-진짜'거나, 짝퉁이지
만 그래도 참아줄 만한 수준으로 잘 만들어진 '진짜-가
짜'뿐 아닐까?

6

시시하고도 잔인한 세상 속에 살고 있다. 탄탈로스의
신화를 경제적 차원에서 먼저 해석할 수밖에 없는 이
들에게, 세상은 잔인한 곳이다. 그에 대해서는 추가적
인 설명이 불필요하다. 하루 벌어 하루 사는, 한 달 벌
어 한 달 사는 사람들의 단순한 집합체에 지나지 않기
에, '사회'라는 단어는 그 적용처를 상실한 지 오래다.
노인들은 자살하고 있으며, 아기들은 태어나지 않는
다. 잔인한 세상 속에서 가장 약한 자들이 먼저 사라져
간다.

그 잔인한 사회는 또한 시시한 곳이다. '로망'이
라고 불러도 좋고, '텔로스'라고 해도 무방하며, '소실
점'이라고 한다면 조금 더 그럴싸한 느낌을 줄 것이다.
바로 그런 것들이 사라진 세상 속에 우리가 살고 있다.

한국의 시민들은 대통령 직선제를 쟁취했다. 미국의
동성애자들은 합법적으로 결혼하여 자신이 원하는 파
트너와 법적 공동체를 이룰 수 있다. 중국은 역사상 세
번째로 달에 우주선을 착륙시켰고, 몇 년 안에 유인우
주선을 보내 두 번째로 달 표면에 발자국을 찍겠다는
계획이다. 비록 중국인이 전체 지구 인류의 4분의 1을
차지하고 있지만, 달에 착륙한 중국의 우주 비행사가
암스트롱이 꽂아놓은 성조기를 뽑고 분질러버리지 않
는 한, 나머지 4분의 3에게 그것은 그저 지나가는 해외
토픽에 지나지 않을 것이다.

　　정신을 차리고 보니 세상이 문득 시시한 곳으로
변해버렸다는 것. 그것이 탄탈로스의 신화에 두 번째
맥락을 부여한다. 손이 닿아 열매를 만지고 따먹을 수
있어도 배가 부르지 않다. 물을 마실 수 있어도 갈증이
풀리는 게 아니다. 막대한 자금력을 바탕으로 온갖 기
술 기업들을 사들이는 구글 정도에서나, 사전적인 의
미의 '꿈'이라는 게 남아 있는 것처럼 보인다. 이제 우
리는 그냥저냥 살아가며, 그냥저냥 벌어먹고, 그냥저
냥 트위터 하고 페이스북 하고 서로 궁금하지도 않은
안부를 강제로 확인해가며, 그냥저냥 죽을 것 같다. 그
러한 비관적 전망에 대해 호들갑스러운 우려를 표하
는 것마저, 그냥저냥 시시해 보인다는 사실까지 생각
해보면 더욱 끔찍하다.

　　우리는 실시간 검색어를 스쳐 지나가는 온갖 폭

력적이고 끔찍하며 외설적인 이슈들이, 결국 지루함
과 심드렁함을 남길 뿐이라는 사실을 잘 알고 있다. 잔
인한 세상이 잔인하다는 것만큼 시시한 일이 또 없는
것이다. 더불어 우리가 '소비자'로서 헤어 나오지 못하
는 지루함과 시시함은, 파업을 하는데 사람이 겨우 그
거밖에 안 나왔냐고 피식 웃고 말아버리는, 때가 어느
때인데 분신자살로 뭘 해보려고 하냐고 한마디 딱 던
지는, 그런 잔인함을 낳는다. 이미 봤던 것, 경험했던
것, 더 이상 '내 가슴을 뛰게' 해주지 못하는 것들 앞에
서, 우리는 잔인하다.

　　탄탈로스적 고통의 세계에는 시지프스와 같은
그런 역동적이고 힘찬 부조리가 남아 있지 않다. 이 잔
인하고도 시시한 세상 속의 모든 행위자는 '구조적'으
로 얽혀 있기에, 너나 나나 똑같은 놈일 뿐이다. 똑같
은 놈들끼리 서로 등쳐먹느라 잔인해지고, 사방을 둘
러봐도 똑같은 놈들이 똑같은 짓을 하고 있으니 지겹
기 짝이 없다.

　　그렇게 청춘을 살아보기도 전에 이미 늙어버린
우리, 탄탈로스들. 꿈은 높지만 현실은 시궁창인 탄탈
로스들. 잡을 수 없는 꿈과 이룰 수 없는 삶의 안정을
둘 다 가질 수 없다고 선고받은 탄탈로스의 운명. 너는
네가 살고 있는 그 늪에서 영원히, 가질 수 없고 누릴
수 없는 것들을 평생 동경하면서, 기나긴 노년만을 살
아갈 것이라는 종말의 선고. 그것이 오늘날의 우리에

게 주어진 탄탈로스의 신화다.

                7

탄탈로스의 신화와 시지프스의 신화는 둘 다 부조리
한 상황 속에 놓인 주인공을 다루고 있다. 둘 다 닿을
수 없고, 이룰 수 없고, 먹을 수도 마실 수도 없는 것을
추구해야만 하는 상황 속에 놓여 있다. 하지만 왜 시지
프스의 신화와 달리 탄탈로스의 신화는, 지금 우리가
놓여 있는 현실을 너무도 잘 보여주는 그것은, 훨씬 덜
극적이고 더 비참한 것일까. 그 어떤 스펙터클이나 영
웅적 요소도 없이, 그저 비루하고 우스꽝스러워 보이
기만 하는 것일까.

        시지프스의 신화는 그 속에 이미 시간 개념을
내포하고 있다. 시지프스는 산 아래에서 시작해 꼭대
기까지 바위를 밀어붙인다. 끝에 도달하면 처음으로
돌아간다. 마치 시곗바늘과도 같은 존재인 것이다. 우
리가 아는 인간성의 요소들이 그 시간적 여지를 파고
든다. 노동과 휴식, 묵묵히 일하면서 묵상하는 일, 불
현듯 찾아오는 깨달음, 그리하여 다시금 부조리하게
저 바위를 들어 올려야 하지만, 어제의 나와는 다른 누
군가로 변할 수 있는 가능성. "이렇게, 인간적인 모든
것은 완전히 인간적인 근원을 가지고 있음을 확신하
면서, 보고자 원하되 밤은 끝이 없다는 것을 아는 장님
인 시지프스는 지금도 여전히 걸어가고 있다. 바위는

또다시 굴러떨어진다."[9]

　　탄탈로스의 고통은 즉각적이며 무시간적이다. 그의 배고픔과 목마름은 과거형이고 현재형이며 동시에 미래형으로 존재하는 것이다. "노인이 마시기를 열망하며 허리를 구부릴 때마다" 물은 도망친다. "노인이 그것들을 잡으려고 손을 내밀 때마다" 과일이 열린 나뭇가지들은 바람에 휘어져 손이 닿지 않게 된다. 욕망할 때마다 좌절한다. 의지를 품을 때마다 절망을 동시에 맛본다. 탄탈로스적 부조리는 끝나지 않는, 매 순간마다 등장하는 현재의 위기이며, 따라서 그는 굴러떨어진 바위를 향해 걸어 내려가는 짧은 휴식마저도 기대할 수 없는 것이다.

　　시지프스적 주체에서 탄탈로스적 주체로 이행하게 된, 산을 오르는 게 아니라 늪에 잠겨 있어야 하는 이 부조리 속에서, 그럼에도 불구하고 우리는 어떻게 인간일 수 있을까. 가질 수 없는 욕망과 닿을 수 없는 로망 속에서, 일상의 곤궁과 허기를 간신히 채워가는 와중에도, 어떻게 존엄할 수 있을까. 카뮈는 그 모든 부조리에도 불구하고, 결국은 행복한 시지프스를 상상했다. 그렇다면 우리는 어떤 탄탈로스를 그려볼 수 있을까.

9　같은 곳.

8

오늘날의 부조리가 시지프스적인 것에서 탄탈로스적
인 것으로 변했다는 것은, 그 배후에 있는 주체의 양상
에 중대한 변화가 생겼음을 의미한다. 굴러떨어질 줄
알면서도 저 높은 산을 향해 바위를 밀어 올리는 시지
프스는, 역사의 반동과 마주치는 한이 있어도 정신의
여정에서 이탈하지 않는, 헤겔적 주체에 다름 아닐 것
이기 때문이다. 설령 도달한 후에 맞닥뜨려야 할 부조
리가 있다 하더라도, 시지프스에게는 목표로 삼을 저
드높은 정점이 있다. "산정(山頂)을 향한 투쟁 그 자
체가 인간의 마음을 가득 채우기에 충분하다."[10] 반복
되는 실패 속에서도 한 발자국씩 나아가며, 시지프스,
헤겔적 주체는, 고양된다.

시지프스적 부조리를 겪는 헤겔적 주체는 주체
와 객체의 변증법 속에서 더 높은 차원으로 고양되어,
결국 변증법적으로 승화한다. "경련하는 얼굴, 바위
에 밀착한 뺨, 진흙에 덮인 돌덩어리를 떠받치는 어깨
와 그것을 고여 버티는 한쪽 다리, 돌을 되받아 안은 팔
끝, 흙투성이가 된 두 손 등 온통 인간적인 확신"[11]을
가진 시지프스를 바라보며 카뮈는 이렇게 말한다. "그
토록이나 돌덩이에 바싹 닿은 채로 고통스러워하는

10 위의 책, 189쪽.
11 위의 책, 185쪽.

얼굴은 이미 그 자체가 돌이다!"[12]

숭고한 목적, 그 목적을 수행하는 나 자신, 그리고 나를 가로막는 방해물까지, 그 모든 것들을 종합하여 하나의 자아를 구성할 수 있었던 시기가 있었다. 돌덩이에 바싹 닿은 시지프스의 얼굴이 이미 돌인 것처럼, 군사독재와 맞서는 사람들은 자신들의 적을 닮아갔다. 냉전 시대의 스파이들은 서로의 건강과 안위를 진심으로 기원했다. 영원히 반복되는 거짓말과 첩보의 세계 속에서, 내가 속이고 굴려야 하는 그 무거운 바위만이, 나의 진정한 친구일 수 있었던 것이다. 그들의 부조리에는 이렇듯 낭만적이고, 심지어 논리적으로 제대로 설명이 될 만한 여지가 충분했다.

탄탈로스적 주체에게 세상은 더 이상 나와 나의 거울상인 바위로 이루어져 있지 않다. 감각의 홍수 속에서 온갖 것들이 다 떠내려오지만, 그중 무엇도 시지프스 시절의 아우라를 유지하고 있지 못하다. 탄탈로스적 주체는 알고자 하면 무엇이든 알 수 있다. 하지만 그것을 알게 되는 순간, 그는 그것을 가질 수 없게 되어버린다. 스마트폰이 아니라 뇌에 장착되어 있는 GPS를 켜보라. 스마트폰을 통해 인터넷에 접속하여 세계에 대해 알아가면 알아갈수록, 나는 내가 아는 것으로부터 한참 떨어져 있다는 사실이 점점 뚜렷해진다.

12 같은 곳.

만나지 못할 사람, 입어보지 못할 옷, 먹어보지 못할 음식, 가보지 못할 장소, 그 모든 것들이 그저 디지털화된 정보, 혹은 표상으로 존재한다. 나는 생각하는 것을 곧장 구글 검색창에 집어넣어 그와 관련된 제반 정보들을 순식간에 취합해낼 수 있다. 하지만 그 순간 나는 그것을 '손에 넣을 수 없는 자'로서 자신을 재정립한다. 이것은 문자 그대로 데카르트적이다. 설령 전지전능한 악마가 1+1=3이라고 나를 속이고 있을지라도, 나는 그 속고 있는 순간에, 생각하고 있으며, 따라서 존재한다. 마찬가지로 나는 내가 닿지 못할 표상, 정보, 기호들 속에서 허우적거릴 때, 바로 그와 같은 방식으로 존재하고 있다. 그리고 나는 그 모든 것들을 가질 수 없다.

나는 생각한다—존재한다—가질 수 없다. 탄탈로스적 주체는 데카르트적이다. 주체는 중세가 끝날 무렵, 혹은 근대가 막 태동하던 그때로 되돌아가, 처음부터 다시 시작해야만 한다.

9

생각한다, 고로 존재한다. 그리하여 데카르트에게는 '내가' 생각하고 있지 않을 때에도 이 세계를 존재하게 해줄 신이 반드시 필요했다. 『성찰(*Meditationes de prima philosophia*)』(1641)은 코기토 명제에 도달한 후 곧장 신 존재 증명으로 향하는, 근대적이면서 동시에 중세적인 책이다. 그는 모든 것을 의심했고, 의심하고 있는 순간만큼은 그 존재를 의심할 수 없는 주체를 발견했지만, 그 주체는 여전히 신의 사랑과 자비 속에서만 온전히 존재할 수 있었던 것이다. 합리주의자로 분류되는 데카르트와 경험론자로 여겨지는 버클리 주교의 사상이 여기서 만난다. 극단적인 합리주의자와 극단적인 경험론자는 모두, 세계의 확실성을 보장해 줄 수 있는 신을 필요로 했다.

　'생각한다, 고로 존재한다'고 생각하는 나 자신의 연속성을 보장해주는 형식으로서의 초월적 통각을 제시하고, 그 초월적 통각은 반드시 시간과 공간이라는 두 가지의 선험적 직관을 전제해야 한다고 논증함으로써, 칸트는 드디어 신 없이도 존재 가능한 세계와, 그 세계 속의 주체를 이끌어내는 데 성공했다. 헤겔의 주체는 거기서 한 걸음 더 나아가, 역사 속에서 스스로의 존재를 확인하고, 세계와 교호하며 스스로를 발전시켜나가, 결국 절대지에 이르고야 마는 그런 존재다. 카뮈의 시지프스 역시 바로 그런 헤겔적 주체의 변주임을 앞서 우리는 확인했다. 그리고 우리는 다시 데카르트적 회의의 한가운데에, 탄탈로스적 부조리와 고통을 끌어안은 채, 내동댕이쳐진 상태다. 나는 생각한다-존재한다-가질 수 없다.

　바로 이 생생한 결핍이야말로 우리가 진정으로 '가질' 수 있는 단 하나의 인간적 요소다. 나는 내가 가질 수 없는 것들을 통해 나 자신의 존재를 확인한다. 네가 가지고 있는 것을 내가 가질 수 없다는 것이야말로, 너와 나를 다른 존재로 만들어줌으로써, 내가 나 자신일 수 있게 해준다.

　　혹자는 이것을 '열폭의 정신 승리'라고 할지도 모르겠다. 그러나 내가 열등하다는 것, 내가 무언가를 가지지 못했으며 가질 수 없다는 것에 대한 명료한 인식을, 폭발시키지 않고 도리어 가지고 있다는 것은, 뭐든지 일단 집어삼키려 드는 인간 이하의 존재와 우리를 구분해주는 단 하나의 요소다. 모든 것이 너무도 풍족해 보이지만 모든 이가 결핍에 허덕이는 이 새로운 빈곤 속에서, 우리는 그 가난의 개별적 표정을 발견하고, 그로부터 나 자신을 확인할 수밖에 없는 것이다. 나는 내가 알고 생각하고 가지고 있는 것만큼이나, 알 수 없고 모르고 가지고 있지 못한 것들로 인해, 비로소 나 자신이 된다.

　　내가 지금 아는 것을 그때도 알았더라면, 그리하여 내 삶이 근본적으로 바뀌었더라면, 그 선택의 결과물인 '나'는 지금 그 후회를 하는 '나'와는 전혀 다른 존재일 것이다. 그 잘못, 그 실수, 그 후회, 그 안타까움이야말로, 지금의 나를 '나'일 수 있게 해준다. 우리가 스스로의 어리석음, 바보 같음, 가난함, 결핍, 외로움, 쓸쓸함, 분노, 욕정, 나태, 추접함, 모자람을 도외시하고 아, 내 아버지가 그때 그 아파트를 분양 받았더라면, 따위의 망상을 하기 시작할 때, 우리의 탄탈로스는 스스로의 결핍을 가질 수조차 없게 된다. 자신의 결핍을 똑바로 쳐다보고 그것을 스스로의 구성 요소로 받아들일 때, 비로소 우리는 그것들을 개별적으로 극복해나갈 수 있는 것이다.

10

시지스프스의 신화는 '근대'의 산물이다. 변화는 자연스럽고, 인류는 진보하고 있으며, 세상은 더 나은 곳이 될 것이라는 믿음이 팽배했던 시절이 있었다. 빅토르 위고는 『레 미제라블(*Les Misérables*)』(1862)에서 불과 10여 년 사이에 새로운 성냥이 개발되고 파리의 지도가 통째로 바뀌어버리는 현실을 당연하다는 듯이 묘사한다. 물론 한국에도 그런 시절이 있었지만, 이제 우리에게 바뀌는 것은 대통령의 이름과 아이폰 뒤에 붙는 숫자뿐이다. 근대라는 인류사적 시기를 특징짓는 가장 중요한 요소인, 기술과 경제의 무지막지한 발전이, 서서히 한계에 다다르고 있다. 심지어 고통 받는 청년의 표상조차, 저 높은 언덕 위로 돌을 굴려 올리는 시지프스여야만 했던 그런 시대의 신화는, 끝났다.

　　세상이 스스로 돌아가고 발전하는 동력을 가지고 있지 않았을 때를 상상해보자. 그럼에도 불구하고 더 나은 인간이 되고자 노력했던 사람들은 모두 탄탈로스적 부조리 앞에 나름의 방식으로 맞서야만 했다.

우리에게 호메로스라는 이름으로 알려진 음유시인들
은 필사적으로 온갖 구전과 전승을 긁어모았을 것이
다. 그 호메로스를 읽으며 고대 그리스를 동경했던 독
일의 낭만주의자들은, 정작 그리스인들이 석상에 채
색을 했다는 것도 모르면서 '고대 그리스식 미학'을 이
론화했다. 우리는 모두 그리스인이라는 말도 안 되는
거짓말로 스스로를 다독이며, 그들은 남의 나라 조상
님을 신줏단지처럼 모셨고, 결국 독일인이라는 것을
발명해냈다. 인간 호메로스가 올림포스 신전에 갈 수
없었기 때문에, 독일 낭만주의자들이 고대 그리스를
제대로 알 수 없었기 때문에, 고대 그리스신화와 근대
독일의 정신이 탄생할 수 있었던 것이다.

　　그 허튼 노력들 덕분에 지금의 우리가 있다. 두
서없이 떠내려오는 근본 없는 것들을 어떻게든 조합하
여, 다른 이들이 발 딛고 설 수 있을 만한 무언가를 만
든 사람들이 있었던 것이다. 비록 빈 택배 상자에 뽁뽁
이를 채워 넣는 것처럼 초라하게 느껴질지라도, 나의
결핍 앞에 상처를 받고 굴복하는 대신, '가져버리는'
것. 그렇게 꼴을 갖추고 탄탈로스적 부조리를 긍정하
는 주체로 거듭남으로써, 자아를 다시 쌓아 올리는 것.
그것이 오늘날 우리가 할 수 있는 저항이며 창조다.

감사의 말

이 책은 『도미노』가 없었다면 나올 수 없었다. 나를
포함해 김형재, 박세진, 배민기, 정세현, 함영준으로
구성된 여섯 명의 편집 동인들은 끝없이 이어지는 회
의를 거쳐 오늘날의 문제의식을 포착해내기 위해 노
력했다. 그 내용을 묶어 책으로 펴내기까지 했으니,
그 여정의 동반자가 되어준 『도미노』 동인들에게 가
장 먼저 큰 감사를 표하지 않을 수 없다. 이름을 모두
나열하기 어려우나 그 매체에 참여한 다른 모든 이
들에게도 감사를 전하고 싶다. 한편 「스테일메이트」
는 『DT3』에 실렸던 글이다. 지면을 얻은 것 외에,
『DT』 동인들은 다양한 경로로 내게 지적인 자극과
배움의 기회를 선사했다. Sasa[44], 박해천, 임근준, 최
성민 선생님, 그리고 미술가 박미나 작가께 감사의 말
씀을 드린다. 워크룸의 박활성, 김형진 대표님은 이렇
게 쌓인 원고들을 단행본으로 낼 기회를 주셨다. 감사
한 일이다. 마지막으로, 김용언 님께 특별한 감사의 뜻
을 표한다.

도미노 총서 1   탄탈로스의 신화

지은이   노정태

초판 1쇄 발행   2016년 9월 1일

기획 및 진행   도미노 편집동인
편집   박활성
디자인   홍은주 김형재
인쇄 및 제책   스크린그래픽

워크룸 프레스
출판 등록   2007년 2월 9일
(제300-2007-31호)
03043 서울시 종로구
자하문로16길 4, 2층
전화   02-6013-3246
팩스   02-725-3248
이메일   workroom@wkrm.kr
홈페이지   www.workroompress.kr
www.workroom.kr

ISBN   978-89-94207-70-4 04080
978-89-94207-68-1 (세트)
값   13,000원

이 도서의 국립중앙도서관 출판시도서목록(CIP)은
서지정보유통 지원시스템 홈페이지(seoji.nl.go.kr)와
국가자료공동목록시스템(www.nl.go.kr/kolisnet)에서
이용하실 수 있습니다.
CIP제어번호   CIP2016020011